Tapescript

AN INTRODUCTION TO FRENCH

Second Edition

L. Kathy Heilenman, University of Iowa

Isabelle Kaplan, Williams College

Claude Toussaint Tournier, Northwestern University

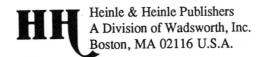

Heinle & Heinle Publishers
A Division of Wadsworth, Inc.
Boston, MA 02116 U.S.A.

Tapescript to accompany *VOILÀ!* **An Introduction to French, Second Edition**

Copyright © 1992 by Heinle & Heinle Publishers

All rights reserved. No parts of this book may be used or reproduced or transmitted in any form or by any means, electronic, or mechanical, including photocpy, re- cording, or any information storage and retrieval system, without permission in writing from the publisher.

Heinle & Heinle Publishers is a division of Wadsworth, Inc.

Manufactured in the United States of America.

ISBN: 0-8384-3647-1

10 9 8 7 6 5 4 3 2 1

Table des matières

Leçon 1

Vocabulaire

Listen and repeat the vocabulary words after the speaker.

les jours de la semaine /
lundi /
mardi /
mercredi /
jeudi /
vendredi /
samedi /
dimanche /
les mois de l'année /
janvier /
février /
mars /
avril /
mai /
juin /
juillet /
août /
septembre /
octobre /
novembre /
décembre /
les saisons de l'année /
l'hiver /
le printemps /
l'été /
l'automne /
les chiffres de 1 à 39 /
un /
deux /
trois /
quatre /
cinq /
six /
sept /
huit /
neuf /
dix /
onze /
douze /
treize /

quatorze /
quinze /
seize /
dix-sept /
dix-huit /
dix-neuf /
vingt /
vingt et un /
vingt-deux /
vingt-trois /
vingt-quatre /
vingt-cinq /
vingt-six /
vingt-sept /
vingt-huit /
vingt-neuf /
trente /
trente et un /
trente-deux /
trente-trois /
trente-quatre /
trente-cinq /
trente-six /
trente-sept /
trente-huit /
trente-neuf /
le cahier /
le chat /
le chien /
l'étudiant /
l'étudiante /
le livre /
le professeur /
le stylo /
à bientôt /
à demain /
au revoir /
aussi /
avec /
bien /

bonjour /
ça va? /
c'est le huit janvier /
c'est le premier octobre /
c'est lundi /
comment allez-vous? /
comment ça va? /
d'accord /
de /
et /
Et toi? /
Et vous? /
j'adore /
j'aime /
je déteste /
je m'appelle /
je ne comprends pas /
je ne sais pas /
madame /
mademoiselle /
mais /
merci /
moi /
monsieur /
non /
oui /
pardon /
pas mal /
pour /
premier /
salut /
très bien /
tu adores /
tu aimes /
l'affiche /

l'année /
l'anniversaire /
la date /
la fleur /
le jour /
le mois /
le poisson /
la saison /
la semaine /
le week-end /
à tout à l'heure /
aujourd'hui /
bon week-end! /
ça dépend /
ça y est /
c'est quand, ton anniversaire? /
c'est quel jour aujourd'hui? /
comment? /
comment t'appelles-tu? /
comment vous appelez-vous? /
tu t'appelles comment? /
je comprends /
moi aussi /
moi non plus /
pas du tout /
pas moi /
quelle est la date aujourd'hui? /
tu es d'où? /
vous aimez? /
vous êtes? /
le bouquin /
'chais pas, j'sais pas /
j'comprends pas /
ouais /
le prof

Les sons du français

A. Écoutez bien! Vowel sounds in French are short and crisp, without the glide (diphthong) that can be heard in many English words such as *kite, wait, float,* or *boat.* Listen to the speaker and decide whether each sound represents a letter of the French alphabet or an English word. Circle the appropriate item. Begin when you hear the word **commencez** (begin).

You hear: **p**
You circle: **ⓟ** **pay** [French letter **p**: no diphthong, not English *pay*: diphthong.]

Commencez.
1. b /
2. say /
3. g /
4. j /
5. oh /
6. q

B. Prononcez bien. The /i/ sound in the last syllable of the days of the week in French resembles the double-e sound in the English word *sheep*. To pronounce it, spread your lips as in an exaggerated smile. Your teeth should be slightly uncovered, and the tip of your tongue should be behind your bottom teeth. Try to produce a clear, crisp /i/ sound as you repeat each word after the speaker.

You hear: lundi
You say: lundi

Commencez.
1. lundi /
2. mardi /
3. mercredi /
4. jeudi /
5. vendredi /
6. samedi /
7. dimanche

C. L'alphabet français. Knowing how to say the letters of the alphabet in French can be useful, when you need to spell names or words you don't know. Listen and repeat as the tape gives you the letters of the alphabet along with French names that may be used to specify exactly which letter is being said. Keep the French sounds as clear and well articulated as possible. The names you will hear on the tape are given below.

You hear: A
You say: A
You hear: A comme Adèle
You say: A comme Adèle

Commencez.

A /
A comme Adèle /
B /
B comme Béatrice /
C /
C comme Caroline /
D /
D comme Denise /
E /
E comme Eugène /
F /
F comme Frank /
G /
G comme Georges /
H /
H comme Hector /
I /
I comme Isidore /
J /
J comme Jacques /
K /
K comme Karl /
L /
L comme Liliane /
M /
M comme Marie /
N /
N comme Noémie /
O /
O comme Odette /
P /
P comme Pierre /
Q /
Q comme Quentin /
R /
R comme Robert /
S /
S comme Simone /

T /
T comme Thomas /
U /
U comme Ursule /
V /
V comme Victor /
W /
W comme William /
X /
X comme Xavier /
Y /
Y comme Yves /
Z /
Z comme Zoé

D. Trouvez les noms des invités. You are going to hear a list of French names. Only some have been invited to this party and their names are on the tapes. Identify them on your list by circling the names you hear on the tape.

1. Chantal / C-h-a-n-t-a-l

2. Martinet / M-a-r-t-i-n-e-t

3. Grenin / G-r-e-n-i-n

4. Pommard / P-o-m-m-a-r-d

E. Épelez. Spell each name in French. Then listen to the speaker on the tape.

You hear: Marc
You say: Marc / m-a-r-c / Marc
You hear: Marc / M-a-r-c / Marc

Commencez.
1. Abder /
   Abder / A-B-D-E-R / Abder
2. Jacques /
   Jacques / J-A-C-Q-U-E-S / Jacques
3. Gilles /
   Gilles / G-I-deux L-E-S / Gilles
4. Fatima /
   Fatima / F-A-T-I-M-A / Fatima
5. Suzanne /
   Suzanne / S-U-Z-A-deux N-E / Suzanne
6. Yves /
   Yves / Y-V-E-S / Yves

F. Question ou affirmation? You can ask a question in spoken French by raising your voice at the end. This is called a rising intonation. As you listen to each sentence, circle **Q** if you hear a question; circle **A** if you hear an affirmative sentence (not a question).

You hear: Tu parles français?
You circle: **Q** for **question** because you heard a rising intonation.

Commencez.
1. Tu aimes le français? /
2. Tu es d'où? /
3. Voilà Michel. /
4. Ça va? /
5. Ça va. /
6. Quand? Aujourd'hui?

Les sons et les mots

A. Jours, mois ou saisons? Identify each list by writing **days**, **months**, or **seasons** in the blank.

You hear: lundi, mardi, mercredi
You write: days

Commencez.
1. jeudi, vendredi, samedi //
2. avril, mai, juin //
3. l'été, l'automne, l'hiver //
4. janvier, février, mars

B. Continuez. Give the next item in each list. It may be a day of the week, a month of the year, or a season. Then listen to the speaker to check your response.

You hear: mars, avril, mai, ...
You say: juin
You check: mars, avril, mai, juin

Commencez.
1. mars, avril, mai, /
   mars, avril, mai, juin /
2. vendredi, samedi, /
   vendredi, samedi, dimanche /
3. l'automne, l'hiver, /
   l'automne, l'hiver, le printemps /

4. septembre, octobre, /
   septembre, octobre, novembre /
5. mardi, mercredi, /
   mardi, mercredi, jeudi /
6. l'hiver, le printemps, /
   l'hiver, le printemps, l'été

C. Il y en a combien? Listen as the speaker tells you how many of various objects there are. Write the numbers in the blanks.

You hear: trois professeurs
You write: <u> 3 </u> professeurs

Commencez.
1. deux chiens /
2. trente-trois étudiants /
3. vingt-six livres /
4. quinze stylos /
5. cinq poissons /
6. douze cahiers

D. Un de plus. Candide and Alceste are taking inventory, but they can't agree on how many of each item they actually have. Use the numbers in parentheses to play the role of Alceste.

You hear Candide saying: Trois chiens, ... (+ 1)
Playing the role of Alceste, you answer: Non, non, quatre chiens!

Commencez.
1. Deux chats //
   Non, non, trois chats! /
2. Dix-sept livres //
   Non, non, seize livres! /
3. Vingt-deux stylos! //
   Non, non, vingt-trois stylos! /
4. Dix poissons. //
   Non, non, neuf poissons! /
5. Seize cahiers. //
   Non, non, dix-sept cahiers! /
6. Sept chiens. //
   Non, non, huit chiens!

E. **Quelle est la date?** Say each date aloud. Then listen, and repeat after the speaker.

Commencez.

numéro 1 //
    le vingt décembre /
numéro 2 //
    le deux septembre /
numéro 3 //
    le quinze avril /
numéro 4 //
    le six février /

F. **Au téléphone.** You answer the phone in France by saying hello and giving your phone number (Allô? Ici le 21.22.23). Now, listen as people answer their phones. Below are the numbers that were dialed. Decide if the numbers were dialed correctly (**oui**) or incorrectly (**non**). Correct them if you can.

Commencez.
1. Allô, ici le 18.22.29 //
2. Allô, ici le 26.03.38 //
3. Allô, ici le 22.33.15 //
4. Allô, ici le 31.17.12 //

G. **Allô, allô!** It is important to pronounce numbers as clearly as possible, especially phone numbers. Ask the switchboard for each of the following numbers. Then listen to the speaker to check your response.

Commencez.
1. //
    Allô, le 23.36.12, s'il vous plaît. /
2. //
    Allô, le 31.11.27, s'il vous plaît. /
3. //
    Allô, le 13.15.04, s'il vous plaît. /
4. //
    Allô, le 18.21.33, s'il vous plaît. /

Les mots et les phrases

A. Singulier ou pluriel. Listen to the article to decide if each noun is singular (**S**) or plural (**P**). Circle your answer.

You hear: les livres
You circle: **P** for **pluriel** because you hear the plural article **les.**

Commencez.
1. les professeurs /
2. l'affiche /
3. les chiens /
4. le jour /
5. le stylo /
6. les étudiants

B. Mettez au pluriel. Make each noun plural. Remember not to sound the final <u>s</u> of the plural form.

You hear: le jour
You say: les jours
You check: les jours

Commencez.
1. le chien /
   les chiens /
2. le professeur /
   les professeurs /
3. le livre /
   les livres /
4. l'étudiant /
   les étudiants
5. l'affiche /
   les affiches

C. Masculin ou féminin? Listen to the article in front of each word in order to decide if the word is masculine (**M**) or feminine (**F**). Circle your answer.

You hear: le chien
You circle: **M** for **masculin** because you heard the masculine article **le.**

Commencez.
1. le poisson /
2. la fleur /
3. le jour /

4. le mois /
5. la saison /
6. la semaine

D. Et l'article? Repeat each noun you hear with the appropriate article, **le, la,** or **l'.**

You hear: chien
You say: le chien
You check: le chien

Commencez.
1. fleur /
   la fleur /
2. étudiante /
   l'étudiante /
3. stylo /
   le stylo /
4. chat /
   le chat

E. Tu aimes ou tu détestes? Say whether you like or hate each item. Compare your answers to the ones on the tape. Do you share the speaker's likes and dislikes, or are you different?

You hear: les chats?
You answer either: J'aime les chats. ou
                       Je déteste les chats.
You listen to compare: Moi, je déteste les chats!

Commencez.
1. les chiens? //
   Ah oui, j'adore les chiens. /
2. l'hiver? //
   Non, non, et non, je déteste l'hiver. /
3. les fleurs? //
   Oui, j'aime les fleurs. /
4. les professeurs? //
   Ça dépend ... oui, j'aime les professeurs. /
5. les lundis? //
   Les lundis! Je déteste les lundis! /
6. le week-end? //
   Ah, mais le week-end, // j'adore le week-end!

À l'écoute de ...

In this section you will listen to French people talking to each other about various topics. You are not expected to understand every word because here, just as in real life, people will use words you haven't studied yet. Instead, try to get the gist of the conversation and to find the specific information asked for in each activity.

A. Qui est-ce? Listen to each greeting and decide if a man or a woman is being addressed. Circle **M** for man or **W** for woman.

You hear: Au revoir, Mademoiselle.
You circle: **W because Mademoiselle** refers to a woman

Commencez.
1. Tiens! bonjour, Mademoiselle Michaud! /
2. Allez, au revoir, Monsieur Tremblay! /
3. À bientôt, Madame. /
4. Ah! te voilà Paul. Comment ça va? /
5. Bonjour Madame, comment allez-vous? /
6. Salut, Sophie, ça va bien?

B. Qui parle? You will hear four brief dialogues. In the blank, write the number of the dialogue that goes with each picture.

Commencez.
1. — J'adore le printemps.
   — Moi aussi! /
2. — Au revoir Jean-Luc.
   — Au revoir, maman. /
3. — Salut, toi, ça va?
   — Oui, oui, ça va, et toi? /
4. — Bonjour M'sieur.
   — Ah, bonjour, toi!

C. Les saisons. What season are they talking about? Circle your answer.

Commencez.

— Quel mois tu préfères, toi?
— Juin.
— Ah? Pourquoi?
— Je ne sais pas. C'est comme ça. C'est chouette, avril, mai, juin, les fleurs, ...

D. La date aujourd'hui? Martin is writing a letter, but he isn't sure of the date. Listen and circle the date he put on the letter after talking to his wife Élise.

Commencez.

— C'est quel jour aujourd'hui? Lundi?
— Non, non, non. C'est mardi.
— Et la date?
— (Chépas), Ah, si, attends, c'est le 8 avril.
— Bon, très bien, merci!

E. Quelle carte pour Évelyne? Listen to the conversation and circle the card that you think Michèle is going to buy for her friend Évelyne.

Commencez.

— Ça va?
— Ah, oui, ça va! C'est mon anniversaire.
— Ah oui? Aujourd'hui? le 13 septembre?
— Oui, et toi?
— Oh, non, moi, c'est au printemps, en mai, le 15 mai très exactement. Mais alors, bon anniversaire hein!
— Merci.

F. Inventaire de la classe de français à Laval. The secretary in the registrar's office at the Université Laval in Quebec City is organizing the class rosters for the first day of class. Fill in the chart below to calculate how many students of each nationality will be enrolled this term.

Commencez.

— Voyons, voyons... 11 étudiants de San Francisco, et 9 étudiants de Chicago. Nous avons 20 Américains. Et 7 étudiants de Rome et 10 étudiants de Liverpool. Ah, et les Canadiens! Voyons, 5 étudiants de Toronto, 4 de Vancouver, et 16 de Montréal. Ça fait 25 Canadiens... et [voice fades off]

G. Quelle salle de classe? The secretary is now organizing classrooms for the first day of class. Listen and fill in the chart below. You may have to listen twice.

Commencez.

— Alors, voyons. Dans la classe de Madame Dubois, 21 étudiants. Salle 12. Dans la classe de Monsieur Dubois, 24 étudiants, salle 4, et dans la classe de Mademoiselle Planchon, 18 étudiants, ou, 18 étudiants. Salle... salle... ? Eh bien, c'est facile, salle 3. Et Monsieur Casimir? Monsieur Casimir, salle 15, pour 22 étudiants.

Leçon 2

Vocabulaire

Listen and repeat the vocabulary words after the speaker.

le cours /
le devoir (les devoirs) /
l'examen /
la fête /
le jazz /
la musique /
le rock /
l'université /
les vacances /
américain, américaine /
beau, belle, beaux, belles /
bête /
bizarre /
blond, blonde /
brun, brune /
canadien, canadienne /
fatigué, fatiguée /
français, française /
généreux, généreuse /
grand, grande /
gros, grosse /
heureux, heureuse /
intelligent, intelligente /
laid, laide /
malade /
malheureux, malheureuse /
mince /
naïf, naïve /
occupé, occupée /
paresseux, paresseuse /
pénible /
petit, petite /
raisonnable /
sociable /
sportif, sportive /

sympathique /
timide /
travailleur, travailleuse /
être /
il/elle adore /
il/elle aime /
il/elle déteste /
maintenant /
moins (moins...que) /
ou /
où /
plus (plus...que) /
très /
la musique classique /
amusant, amusante /
déprimé, déprimée /
égoïste /
équilibré, équilibrée /
méchant, méchante /
normal, normale /
sérieux, sérieuse /
c'est tout /
Comment est Jean? /
plus ou moins /
qui /
trop /
voilà /
la boum /
branché, branchée /
crevé, crevée /
la fac /
marrant, marrante /
sympa

Les sons du français

A. La voyelle /e/. French /e/ is a clear, brief vowel sound that resembles the vowel sound in English words such as *may* or *pay*. However, there is no glide or diphthong in the French vowel. Here are some words you already know that contain the vowel sound /e/. Listen and repeat.

Commencez.
1. étudiant /
2. les cahiers /
3. américain /
4. Émile /
5. vous aimez /
6. détester

B. La voyelle /i/. You have already practiced the pronunciation of the vowel /i/ in lesson 1 (**lundi, mardi**). This French vowel sound resembles the i-sound in the English word *police*, but without the diphthong. Here are some words you already know that contain the vowel sound /i/. Listen and repeat.

Commencez.
1. merci /
2. Michel /
3. égoïste /
4. qui /
5. petite /
6. Candide

C. Une comptine. Here is a counting-out rhyme that French children use. (The word *nez* means nose. The last line is a play on words: *10 nez = dîner* or dinner). Listen to it until you have the rhythm. Then try to say it along with the speaker.

Commencez.
1 nez, 2 nez, 3 nez, 4 nez, 5 nez, 6 nez, 7 nez, 8 nez, 9 nez, 10 nez!

Les sons et les mots

A. Portraits. As you listen to the following descriptions, put a check next to each category that is referred to.

Commencez.
1. Jacques est de Paris. Il est français. Il est grand et brun. /
2. Paolo est grand et sportif. Il est aussi sociable et généreux. /

3. Marie est blonde et timide. Elle n'est pas française, elle est canadienne. /
4. Anne est travailleuse et sérieuse, mais aussi un peu déprimée. /
5. Claude est paresseux et égoïste, et puis, il est pénible, mais pénible! /
6. Luc est très, très timide! Et alors, et bien, il est aussi très, très malheureux!

B. Comment est ... Describe each person using **il est** + an appropriate adjective. After a pause for your answer, you will hear a suggested answer.

Commencez.
1. /
   Il est brun. /
2. /
   Il est blond. /
3. /
   Il est grand. /
4. /
   Il est petit. /
5. /
   Il est gros. /
6. /
   Il est malade.

C. Quelle nationalité? Listen to each conversation and circle the nationality you hear.

Commencez.
1. — Salut, comment tu t'appelles?
   — Jim.
   — Tu es américain?
   — Oui. /

2. — Bonjour, je m'appelle Paulette et je suis canadienne. Et toi?
   — Moi? Claudine. /

3. — Ça va?
   — Oui. Et toi?
   — Oui, bien. Je te présente Joseph, c'est un étudiant américain. /

4. — J'ai un prof de littérature intelligent. Elle est française et belle.... Tu peux pas imaginer.
   — Ah oui?

D. De quoi parle-t-on? What are they talking about? Match the subject of each conversation fragment to the corresponding picture by writing in the number.

Commencez.
1. — Des vacances à la plage? L'été? J'adore ça! /
2. —Je déteste corriger les examens. Mais voilà, c'est la fin de l'année. Alors... /
3. — Venez passer la fête nationale avec nous. Ce sera formidable! /
4. — Tu aimes la musique classique toi? Pas moi! /
5. — Je suis allé à un concert de jazz sensationnel, tu sais. Vraiment formidable. /
6. — J'aime beaucoup les cours à l'université cette année... heureusement!

E. Vous aimez? Now, for each picture in D above, say whether you like, don't like, or hate it. (The numbers you will hear refer to the correct number for each picture.) After a pause for your answer, you will hear one possible answer which may or may not correspond to what you said.

Commencez.
1. /
   J'aime les vacances. /
2. /
   Je déteste les examens. /
3. /
   J'aime les fêtes. /
4. /
   Je n'aime pas la musique classique. /
5. /
   J'aime le jazz. /
6. /
   Je n'aime pas les cours.

F. Comparons. Decide if each conversation is comparing someone to someone else (**oui**) or not (**non**). Circle your answer.

Commencez.
1. Pierre déteste les devoirs mais il n'est pas bête. /
2. Chantal est moins travailleuse mais elle est plus raisonnable que Paul. /
3. Paul est plus sportif que moi. /
4. Jim est très généreux. /
5. Caroline est plus belle, mais Katherine n'est pas laide. /
6. Katherine est grande et blonde et très mince.

G. Comparez. Lucien and Georges are two very different French students. Compare Georges to Lucien, using the information given. After a pause, you will hear one possible answer.

Commencez.
1. Lucien est très intelligent. Et Georges? //
   Georges est moins intelligent que Lucien. /
2. Lucien est timide et pas très sociable. Et Georges? Il n'est pas du tout timide, lui! //
   Georges est moins timide que Lucien. /
3. Lucien est travailleur mais Georges ... //
   Georges est plus travailleur que Lucien. /
4. Lucien est très sportif. Georges, lui, n'est pas sportif du tout! //
   Georges est moins sportif que Lucien.

Les mots et les phrases

A. Daniel ou Danielle? As you listen to each sentence, decide if the speaker is talking about **Daniel** (a young man) or **Danielle** (a young woman). Circle your response.

Commencez.
1. Daniel est grand et mince. /
2. Danielle est petite et très belle. /
3. Danielle est sportive. /
4. Daniel est intelligent. /
5. Daniel n'est pas travailleur. /
6. Danielle est brune.

B. Décrivez les jumeaux. Michel and **Michèle** are twins. Use the information given to tell what they are like.

You hear and see: Michel / intelligent
You say: Michel est intelligent.
You check: Michel est intelligent.

Commencez.
1. Michèle / travailleur /
   Michèle est travailleuse. /
2. Michèle / sociable. /
   Michèle est sociable. /
3. Michèle / sérieux /
   Michèle est sérieuse. /
4. Michel / mince /
   Michel est mince. /

5. Michèle / gros /
   Michèle est grosse. /
6. Michel / sympathique /
   Michel est sympathique.

C. Oui ou non? As you listen to each sentence, indicate if it is an affirmative (**A**) or a negative (**N**) sentence. Circle your answer.

Commencez.
1. Le professeur de maths n'est pas raisonnable. /
2. Vous êtes de Québec ou de Montréal? /
3. Les étudiants et les professeurs aiment les vacances. /
4. Alceste n'aime pas Candide. /
5. Nous sommes étudiants en médecine. /
6. Vous n'êtes pas américains?

D. Laurence et Lucienne. Lucienne is not at all like her friend Laurence. Say this, using the suggestions given.

You hear and you see: Laurence est grande.
You say: Lucienne n'est pas grande.
You check: Lucienne n'est pas grande.

Commencez.
1. Laurence est brune. /
   Lucienne n'est pas brune. /
2. Laurence est mince. /
   Lucienne n'est pas mince. /
3. Laurence est heureuse. /
   Lucienne n'est pas heureuse. /
4. Laurence est petite. /
   Lucienne n'est pas petite. /
5. Laurence est sportive. /
   Lucienne n'est pas sportive.

E. Un, deux, trois, quatre ... Listen to the conversation. How many times do you hear the verb **être** used? Listen again. How many times do you hear the verb **aimer** used?

Commencez.

— Tu es d'où?
— De Dakar, et toi?

— Moi, je suis de Nice. Je suis étudiant ici, mais je n'aime pas du tout l'université.

— Pourquoi, tu n'aimes pas les cours?

— Bof ... Oh, les cours ça va ... Les profs sont bons.

— Alors tu n'es pas heureux à Paris?

— Non, moi, j'aime l'été et les vacances!

F. À votre tour! Answer the questions according to how you are. Use either the feminine or masculine form of the adjective.

You hear: Tu es bête ou tu es intelligent?
You answer: Je suis intelligent(e).

Commencez.

1. Tu es paresseux ou tu es travailleur? //
2. Tu es sociable ou tu es timide? //
3. Tu es sympathique ou pénible? //
4. Tu es heureux ou malheureux? //
5. Tu aimes les examens? //
6. Tu aimes les vacances? //
7. Tu aimes la musique classique? //
8. Tu aimes le cours de français?

À l'écoute de ...

A. Lequel des deux? Laquelle des deux? You are going to overhear some conversations. Draw lines to match the subject of each conversation to its number.

Commencez.

conversation 1
— Tu connais Pierre?

— Qui? Le grand blond, qui vient du Canada?

— Oui.

— Et alors?

— Et bien, je l'aime... //

conversation 2
— Tu as vu Janine?

— Janine qui?

— Tu sais l'étudiante américaine.

— Oui, pourquoi?

— Elle est malade et j'ai de l'aspirine pour elle. //

conversation 3

— Tiens, voilà ma raquette de tennis. C'est pour ta copine.
— Mais elle n'est pas sportive du tout!
— C'est vrai, elle n'est pas sportive?
— Non, elle n'aime pas les sports!
— Alors, pourquoi une raquette de tennis? //

conversation 4

— S'il te plaît, présente-moi Paul.
— Ah oui? Pourquoi?
— Il est si sympathique et si beau!
— Peut-être, mais qu'est-ce qu'il est timide!

B. Tu l'aimes, toi? Decide if the people discussed in each conversation are liked (**oui**) or not liked (**non**) by the people talking. Circle your answer.

Commencez.

conversation un

— Il est égoïste et pénible.
— Oui, et il est méchant, tu sais! Je le déteste! /

conversation deux

— Comment elle est?
— Une vraie beauté. Grande, blonde, mince, sportive, et sympathique. Je l'aime bien. /

conversation trois

— Le prof de français est sympa, tu sais!
— Oui et drôlement intelligent!
— Amusant aussi, j'espère! /

conversation quatre

— Elle dit qu'elle est trop occupée, et puis elle est toujours malheureuse et déprimée quand elle n'est pas malade. Moi je suis fatiguée de ses problèmes. J'aime pas ça!

C. Mes copines de l'université. Muriel is talking to her sister about three of her friends at school (**Françoise, Nancy,** and **Christine**). Listen to what she has to say and label each picture. Then listen again and complete the chart with as many details as you can.

Commencez.

— Oui, oui, trois, j'en ai trois, on est quatre en tout.
— Elles sont comment?

— Et bien, il y a Françoise, elle est belge. Elle est petite et mince, très raisonnable. Je l'aime bien. Elle aime la musique classique et on va au conservatoire ensemble.

— Et les autres? Comment elles s'appellent?

— Nancy. C'est une Canadienne, mais elle est de Winnipeg, et elle ne parle pas français! Elle est très très sympa. Elle est grande et forte, une vraie sportive! Et elle est toujours heureuse. Elle aime tout le monde et tout le monde l'aime.

— C'est formidable. Et la troisième?

— Oh! l'autre... C'est pas formidable! Elle est égoïste et pas sociable. Elle est toujours malheureuse. Elle n'aime pas l'université, elle n'aime pas les profs, elle n'aime pas les copines... Elle est pénible!

— Mais à part ça, ça va?

— Oui, oui, ça va très bien!

D. Voilà Lucienne. Lucienne is a newly arrived exchange student from Canada. Take notes as you hear her being described by her friends.

Commencez.

— Lucienne? C'est ma copine de la classe de littérature.

— D'où elle est?

— De Montréal je crois.

— Elle est française alors?

— Non, elle est canadienne. C'est différent!

— Elle est sympa?

— Oh oui. Et puis, amusante.

— Elle est belle?

— Oui, une belle blonde, sportive. Elle adore le tennis et les sports, le rock et les boums.

— Tu me la présentes?

— Ah non, toi tu es travailleur et sérieux!

— Justement ...

— Et tu es trop petit ...

— Oh là là, tu es pénible.

E. Lucienne cherche une camarade de chambre. Lucienne is looking for a roommate for the year. She is talking to herself as she reads ads for roommates. Put a 1 next to the ad she reads first, a 2 next to the one she reads second, and so on.

Commencez.

— Bon, elle est sérieuse et travailleuse. Aussi intelligente, raisonnable, etc. ... Qu'est-ce qu'elle aime? La philosophie, l'art moderne. Et qu'est-ce qu'elle n'aime pas ... bon, le rock! Pas du tout pour moi... Ah, mais elle est canadienne, comme moi.... /

Continuons. Et celle-ci? Elle est en biologie ... une étudiante en médecine sans doute ... elle est travailleuse aussi. Oh là là, elles sont pénibles ... Mais elle aime les boums, bon alors, ça va aller. /

Et après, ça, c'est un type, un étudiant en mathématiques, timide et généreux, oh, non, pas pour moi... tiens, il est belge ... /

L'autre, c'est aussi un garçon, de Paris celui-là ... Et comment il est? timide, malheureux, bizarre? ah, ah! et puis non, il déteste les boums et les étudiants sportifs. Pas question! Mais il est grand et beau ...

F. Lucienne choisit. Listen to Lucienne one more time as she goes through the ads. Which ad will she answer for a roommate? For a date? Justify your answer.

Leçon 3

Vocabulaire

Listen and repeat the vocabulary words after the speaker.

une affiche /
un bureau, des bureaux /
un camarade de chambre, une camarade de
    chambre /
une chaîne stéréo /
une chaise /
une chambre /
une clé /
un crayon /
un disque /
une étagère /
une fenêtre /
une fleur /
un lavabo /
un lit /
une photo /
un placard /
une porte /
une radio /
un réveil /
un sac /
une salle de classe /
une table /
un tapis /
un téléphone /
une télévision /
agréable /
grand, grande /
petit, petite /
blanc, blanche /
bleu, bleue /
brun, brune /
jeune /
noir, noire /
orange /
rouge /
vert, verte /
avoir /
dans /
il y a, il n'y a pas de /

on /
peut-être /
qu'est-ce que c'est? /
sous /
sur /
voilà /
une calculatrice /
une cassette /
une commode /
une corbeille à papier /
une couleur /
un dictionnaire /
un fauteuil /
une guitare /
une lampe /
une machine à écrire /
un miroir /
un mur /
un ordinateur /
un réfrigérateur /
un rideau, des rideaux /
une table de nuit /
un tableau, des tableaux /
un tiroir /
clair, claire /
impossible /
possible /
sombre /
de quelle couleur est, de quelle couleur sont? /
en désordre /
en ordre /
par terre /
qu'est-ce qu'il y a dans? /
un dico /
un frigo /
une piaule /
un pieu /
un poster /
une télé

Les sons du français

A. La voyelle /u/. The french /u/ sound in words such as v**ou**s and bon**jou**r resembles the English u-sound in words like b**oo**t and t**oo**, but it is not identical to it. To pronounce the French /u/ sound, keep your tongue firmly behind your lower teeth and purse your lips as if you were going to blow out a candle. Be careful not to glide the vowel sound and produce a diphthong. Here are some words you have already learned that contain the sound /u/. Listen and repeat.

Commencez.
1. v**ou**s /
2. un c**ou**rs /
3. pas du t**ou**t /
4. a**oû**t /
5. à t**ou**t à l'heure /
6. **Où** êtes-v**ou**s? /
7. V**ou**s aimez?

B. L'intonation. You have already learned that you can make a sentence into a question by raising your voice (**Ça va? Oui, ça va, et toi?**). Now you are going to learn the intonation pattern used in affirmative statements in French. In these kinds of statements your voice should begin at a relatively high pitch and fall as it reaches the end.

Listen.

— Tu es fatigué?

— Oui, et toi?

— Oui, moi aussi.

Longer statements will tend to have one or more rising-falling intonation patterns with a final falling intonation on the last word in an affirmative statement and a final rising intonation in a question. Listen.

—Il y a une machine à écrire?

—Oui, elle est dans la chambre.

Now listen to the dialogue. Use an arrow pointing up (↑) to indicate the ends of sentences that have a rising intonation. Use an arrow pointing down (↓) to indicate the ends of sentences that have a falling intonation. The first two lines have already been done for you.

Commencez.

— Et la chambre?
— Elle est claire et agréable.

— Ah oui? Tu es contente?

— Oui, très.

— Elle est grande, la chambre?

— Oui. Il y a trois bureaux, trois chaises, trois placards, un tapis, un miroir, quatre fenêtres avec des rideaux.... et nous avons une télévision.

— Une télévision? Dans la chambre?

— Oui, et Mindy a une chaîne stéréo avec des disques de rock.

C. Français/anglais. Words that exist in both English and French may be difficult to pronounce. In French, word stress falls on the last sylable of the word. This may or may not be the case in English. Compare the pronunciation of the word *weekend* in English (stress on the first syllable) and **week-end** in French (stress on the last syllable). Listen and repeat.

Commencez.
1. un restaurant /
2. le week-end /
3. un gadget /
4. le football /
5. un poster /
6. le chewing-gum

D. Mots nouveaux. Listen and underline the word or phrase that is said. Then repeat the word or phrase you heard and listen for it one more time.

Commencez.
1. une armoire /
   une armoire /
2. un réveil /
   un réveil /
3. une étagère /
   une étagère /
4. Mets la chaîne stéréo. /
   Mets la chaîne stéréo. /
5. Ouvre l'armoire. /
   Ouvre l'armoire.

E. Ne pas confondre : Sur / sous. Listen carefully to find out where things are. Try to hear the difference between **sur** /syr/ and **sous** /su/ by listening to the vowel sounds. Circle your answer.

Commencez.
1. Ton livre? Il est sur la chaise. /
2. Là, regarde sous la table. /
3. Où est ton sac? Là, sur le lit! Regarde. /
4. Ton stylo? Tiens, il est sous mon cahier.

F. Une comptine. Here is another French counting-out rhyme. Listen and underline all the /u/ sounds you hear.

Commencez.

La Tour Eiffel
A trois cents mètres.
Pour y monter
Il faut payer
Tous les millions
Qu'elle a coûté.

Les sons et les mots

A. Inventaire. As you listen to each sentence, decide which picture it refers to and write the number of the sentence below it.

Commencez.
1. Cherche sur l'étagère, tu vas trouver. /
2. Le lavabo a débordé, et quelle inondation! /
3. Je mets le réveil, je veux me lever tôt. /
4. Non, non, n'ouvre pas la fenêtre! /
5. Passe-moi ton crayon une minute. /
6. J'ai pris un livre de la bibliothèque.

B. Qu'est-ce que c'est? Now, look at each picture in A above and say what it is. Here is how to do the first one.

You hear: Qu'est-ce que c'est le numéro 1?
You say: C'est une étagère.
You check: Oui, c'est une étagère.

Commencez.
1. Qu'est-ce que c'est le numéro 1? /
   Oui, c'est une étagère. /
2. Qu'est-ce que c'est le numéro 2? /
   Oui, c'est un lavabo. /
3. Qu'est-ce que c'est le numéro 3? /
   Oui, c'est un réveil. /
4. Qu'est-ce que c'est le numéro 4? /
   Oui, c'est une fenêtre. /
5. Qu'est-ce que c'est le numéro 5? /
   Oui, c'est un crayon. /
6. Qu'est-ce que c'est le numéro 6? /
   Oui, c'est un livre.

C. Les objets parlent. You are going to hear some noises. Write the number of the first noise you hear next to the object you associate with it. Do the same with the rest of the noises.

Commencez.

Noises of
1.
    telephone ringing /
2.
    a key turning in a lock /
3.
    someone typing /
4.
    an alarm clock ringing /
5.
    water running /
6.
    door shutting

D. Qu'est-ce que c'est que ça? Now, identify what is making each noise by saying its name. Check your answer with the one on the tape.

Commencez.
1.
    Oui, c'est le lavabo. /
2.
    Oui, c'est une machine à écrire. /
3.
    Oui, c'est une porte. /
4.
    Oui, c'est un réveil. /
5.
    Oui, c'est un téléphone. /
6.
    Oui, c'est une clé.

E. La vie en rose? Decide whether each brief description you hear is about something **agréable** or something **désagréable**. Circle your answers. Do your answers agree with those on the tape?

Commencez.
1. une chambre claire /
    Cest agréable! /
2. un lit confortable /
    C'est agréable! /

3. un professeur impossible /
   C'est désagréable! /
4. une armoire en désordre /
   C'est désagréable! /
5. une grande fenêtre /
   C'est agréable! /
6. un camarade de chambre pénible /
   C'est désagréable!

F. Décrivez. Choose an adjective from the list below to describe each noun you hear. Then compare your answers with those on the tape. Do you agree or not?

Commencez.
1. une chambre /
   une chambre confortable/
2. un tiroir /
   un tiroir en désordre /
3. une fenêtre /
   une petite fenêtre/
4. une porte /
   une grande porte /
5. un placard /
   un placard en ordre /
6. un professeur /
   un professeur impossible

G. Les couleurs. You will hear six sentences. As you listen, decide to which picture each sentence corresponds. Match the number of the sentence with the pictures below.

1. Vive l'Amérique, le drapeau bleu, blanc, rouge et le 4 juillet!
2. Rouge et blanc, c'est quel drapeau? Le drapeau canadien!
3. C'est le printemps ici! Tous les arbres sont verts.
4. Jaune ... Jaune ... Qu'est-ce qui est jaune? Hé bien, le soleil Pardi!
5. Qu'est-ce qui est orange? Pas les raisins, les oranges!
6. Venez écrire au tableau noir.

Les mots et les phrases

A. Quel article? Listen and fill in the missing articles.

Commencez.
1. Candide adore les animaux. /
2. Il n'y a pas de lit!? /

3. Marc est un étudiant sérieux. /
4. Où est le livre? /
5. Alceste n'aime pas les animaux. /
6. C'est un cahier.

B . Au contraire! Alceste is reporting to Candide about a vacation cottage they were thinking of renting. Play the role of Alceste.

You hear Candide ask: Il y a un placard?
You (playing the role of Alceste) say: Non, non, il n'y a pas de placard!
You listen to Candide's reaction: Il n'y a pas de placard!

Commencez.
1. Il y a un téléphone? //
   Il n'y a pas de téléphone! /
2. Il y a des chaises? //
   Il n'y a pas de chaises! /
3. Il y a un lavabo? //
   Il n'y a pas de lavabo! /
4. Il y a une télévision? //
   Il n'y a pas de télévision! /
5. Il y a une radio? //
   Il n'y a pas de radio! /
6. Il y a des lits? //
   Il n'y a pas de lits!

C . Avoir ou être? Listen to each sentence. If you hear the verb **être**, circle **être.** If you hear the verb **avoir,** circle **avoir.**

Commencez.
1. C'est le 15 octobre. /
2. Jean-Pascal est beau! /
3. J'ai pas de stylo. /
4. Nous avons une chaîne stéréo. /
5. J' suis malade. /
6. Y a des photos dans la chambre.

D . Les possessions. Say or ask what each person owns. Then check your answer with the one on the tape.

You see and hear: Valérie / des disques de rock
You say: Valérie a des disques de rock.
You listen and check: Valérie a des disques de rock.

Commencez.
1. Éric / un chat noir //
   Éric a un chat noir. /
2. Nous / des étagères //
   Nous avons des étagères. /
3. Tu / un réveil? //
   Tu as un réveil? /
4. Jean-Luc et Claudine / une machine à écrire. //
   Jean-Luc et Claudine ont une machine à écrire. /
5. Vous / un ordinateur? //
   Vous avez un ordinateur? /
6. Je / un téléphone blanc //
   J'ai un téléphone blanc.

E. Mais on n'a pas ... Now say or ask what these same people do not have. Check your answer with the one on the tape.

Commencez.
1. Éric / de chien //
   Éric n'a pas de chien. /
2. Nous / de livres //
   Nous n'avons pas de livres. /
3. Tu / de radio? //
   Tu n'as pas de radio? /
4. Jean-Luc et Claudine / d'ordinateur //
   Jean-Luc et Claudine n'ont pas d'ordinateur. /
5. Vous / de crayon rouge? //
   Vous n'avez pas de crayon rouge? /
6. Je / de télévision //
   Je n'ai pas de télévision.

À l'écoute de ...

A. C'est normal ou c'est bizarre? Monsieur and Madame Durand are in charge of cleaning students' rooms at the end of each term. They're talking about what they found in various rooms as they made their rounds this morning. Listen and complete the chart. You may have to listen more than once to get all the details.

Commencez.
1. Dans la chambre 30, il y a sept lits. /
2. Ah oui? Mais dans la chambre 32 il n'y a pas de lit! /
3. Bon! Mais la chambre 20, ça va. Il y a deux lits et deux bureaux. /
4. Oui, et dans la chambre 19, il ya deux lits, mais il y a aussi trois télévisions! /

5. Bon, et dans la chambre 15, dans la corbeille à papier, il y a des livres, des cahiers, des stylos. /
6. Ah oui? Et la chambre 23! Il y a une chaise, une table et un tapis — dans le placard!

B . Dans une chambre d'étudiant. Since there were some thefts last year, M. and Mme Durand have decided to develop a room contents checklist for students to fill out before they leave for vacation. Listen and write in the missing words on their lists.

Commencez.

La liste de M. Durand. [M. Durand begins the list]
Alors, il y a ...
deux lits, deux tables de nuit, un tapis, des rideaux, deux commodes, un fauteuil, un réveil, des affiches, des photos, une machine à écrire, un ordinateur, une calculatrice et ...

La liste de Mme Durand. [She takes up where he leaves off]
Oui, et il y a aussi ... des étagères, deux chaises, un réfrigérateur, un réveil-radio, une chaîne stéréo, une télévision, un téléphone, une corbeille à papier, des livres, une lampe, un miroir, deux bureaux, et ...

C . Quelle chambre? Marc is looking for a room to rent. Listen and put a 1 next to the ad he reads first, a 2 next to the one he reads second, and a 3 next to the one he reads last.

Commencez.

Voyons un peu... Oui, ça va, près de l'université, oh formidable, il y a la télé et le téléphone. Mais zut alors, pas d'animaux... donc pas de chat... Oh là là, c'est pénible! Et puis huit cent francs, c'est trop cher...Pas cette chambre! /
   Bon, celle-là aussi elle a le téléphone et la télé. Hé, hé avec des étudiantes! Sensationnel! Non, quand même! 3 étudiantes.... Ah, mais les animaux sont possibles, mais pas de musique... Non c'est pas pour moi. /
   Et alors, l'autre, comment elle est? petite, chaude, confortable. Oui, pourquoi pas? Voyons, à qui s'adresser? et quand? Madame Durand, rue de l'École de Médecine. C'est parfait. Ça me va. Ah! mais zut, aujourd'hui c'est dimanche. Bon, alors demain.

D . Quelle chambre pour Marc? Listen to a brief description of Marc, then look at the ads again. Circle the room Marc will probably rent.

Commencez.

Marc est étudiant en médecine. Il aime regarder la télévision. Il a un petit chat qu'il adore. Il écoute souvent de la musique classique.

Leçon 4

<u>Vocabulaire</u>

Commencez.

un ami, une amie /	beaucoup de /
un animal, des animaux /	c'est, ce n'est pas /
un cadeau, des cadeaux /	c'est vrai, ce n'est pas vrai /
un camarade de classe, une camarade de classe /	comme /
	parce que /
le cinéma /	parler anglais /
un enfant, une enfant /	parler espagnol /
une femme /	parler français /
une fille /	rester à la maison /
un frère /	trop /
un garçon /	un peu /
un homme /	une chanson /
une mère /	une cigarette /
une personne /	un concert /
un père /	la cuisine /
une soeur /	un film /
le sport /	le football /
amusant, amusante /	une lettre /
anglais, anglaise /	un match /
espagnol, espagnole /	le ménage /
sérieux, sérieuse /	un oiseau, des oiseaux /
vrai, vraie /	le tennis /
adorer /	le théâtre /
aimer /	faux, fausse /
aimer mieux (que) /	boire /
chanter /	dormir /
danser /	écrire /
détester /	lire /
donner /	rire /
écouter /	sortir /
étudier /	bosser /
fumer /	bûcher /
manger /	le ciné /
marcher /	un copain, une copine /
parler /	le foot /
ranger /	un gars /
regarder /	un gosse, une gosse /
travailler /	rigoler /
voyager /	un snob, une snob /
beaucoup /	un type

Les sons du français

A. La voyelle /y/. The French /y/ sound in words such as **tu** and **musique** has no counterpart in English. To pronounce the French /y/, first, say the sound /i/ as in **timide.** Keep your lips very tense, as if you were making an exaggerated smile. Now, bring your lips forward and round them as if you were going to whistle or make a kissing sound. Listen and try to imitate the speakers as they contrast the sounds /i/ and /y/.

Commencez.
1. ti - tu /
2. si - su /
3. di - du /
4. li - lu /

B. Les voyelles /u/ et /y/. The sound /u/ is pronounced very much like the sound /y/. Both vowels are produced with the lips rounded as if for whistling. But the tongue is in a different position in the mouth. First, say the sound /u/. As you are saying /u/, move your tongue up and slightly back, toward the roof of your mouth. You are now saying the sound /y/. Listen and imitate the speakers as they contrast the sounds /u/ and /y/.

Commencez.
1. tou - tu /
2. sou - su /
3. dou - du /
4. lou - lu /

C. Cherchez les voyelles. Now, see if you can tell the difference between the three French vowels (/i/, /u/, and /y/) that you have learned. Listen as the speaker says a series of words that contain these vowels. If the speaker reads the words in the same order as they are written, put a check on the line. If the order on the tape is different from the order below, leave blank.

Commencez.

1. si	sous	su /
2. vie	vu	vous /
3. loue	lit	lu /
4. rit	rue	roue /

D. Une comptine. Here is another counting-out rhyme. This one is about a hen sitting on a wall. The hen is pecking at some stale, hard bread. Then she puts her tail up in the air and jumps down from the wall. Try to say the rhyme along with the speaker. Pay attention to the underlined vowels, which represent the vowels /i/, /u/, and /y/.

Commencez.

Une poule sur un mur qui picote du pain dur, picoti, picota, lève la queue et saute en bas!

Les sons et les mots

A. Associations. Listen as you hear several sentences, each of which refers to one of the following pictures. Although you will probably not understand everything you hear, you should be able to pick up words that indicate what is being talked about. Write the number of each sentence you hear under the drawing it refers to.

Commencez.
1. Quel désordre! Range ta chambre, s'il te plaît. /
2. Pardon, Monsieur, il est interdit de fumer ici. /
3. Viens manger, c'est prêt! /
4. Tu parles anglais? /
5. Mais écoute-moi donc! /
6. On va danser ce soir, viens avec nous.

B. Quel verbe? Say the verb that comes to mind when you think of each of the following. Then listen for a suggested response.

Commencez.
1. une soprano /
   chanter /
2. une radio /
   écouter /
3. un livre de mathématiques /
   étudier /
4. un menu /
   manger /
5. une cigarette /
   fumer /
6. Fred Astaire /
   danser /
7. Amtrak /
   voyager /
8. le 25 décembre /
   donner

C. Qui est-ce? You will hear the names of categories to which the persons or objects below belong. Say the name of the person or thing after you hear each category. Then, check your answer with the suggested response that follows.

You hear: un homme
You say: Monsieur Lagache
You check: Monsieur Lagache

Commencez.
1. un homme /
   Monsieur Lagache /
2. le cinéma /
   Meryl Streep /
3. un enfant /
   le petit Dubois /
4. une femme /
   Madame Dubois ou Meryl Streep /
5. un animal /
   un chat /
6. un sport /
   le tennis /
7. espagnol /
   Madrid /
8. une fille /
   Jacqueline /
9. anglais /
   Londres

D. Complétez. As you hear each verb, choose a plausible continuation for it from the list below. Check your answer with the answer on the tape.

Commencez.
1. ranger /
   ranger la chambre /
2. donner /
   donner un cadeau /
3. rester à la maison /
   rester à la maison le dimanche /
4. écouter /
   écouter la radio
5. regarder /
   regarder un film /
6. voyager /
   voyager en France /

7. parler /
   parler espagnol /
8. aimer /
   aimer le père et la mère.

E. Ils sont comment? Say what each person is like, using the suggestions given. Then, check your response with the answer recorded on the tape.

You hear and see: Anne-Marie / grand
You say: Anne-Marie est grande.
You check: Anne-Marie est grande.

Commencez.
1. Jean-François / brun /
   Jean-François est brun. /
2. Marc Dubois / timide /
   Marc Dubois est timide. /
3. L'ami d'Anne-Françoise / espagnol /
   L'ami d'Anne-Françoise est espagnol. /
4. Louis et Marie / sérieux /
   Louis et Marie sont sérieux. /
5. Marie-Madeleine / petit /
   Marie-Madeleine est petite. /
6. Jean-Pascal / anglais /
   Jean-Pascal est anglais. /
7. Marie-Paule / amusant /
   Marie-Paule est amusante. /
8. Marie-Antoinette / français. /
   Marie-Antoinette est française.

Les mots et les phrases

A. Combien de personnes? For each of the sentences you hear, say if only one person or more than one person is being talked about. Circle your answer.

You hear: Elles aiment beaucoup la musique.
You circle: **more than one** because you heard *elles aiment* and not *elle aime.*

Commencez.
1. Ils étudient à l'université? /
2. Il étudie dans ma chambre. /
3. Il aime beaucoup l'été. /
4. Il étudie l'espagnol. /
5. Elles écoutent la radio. /

6. Ils écoutent des disques. /
7. C'est vrai, elle aime mieux le rock que le jazz. /
8. Suzanne et Arnaud, est-ce qu'ils écoutent de la musique classique?

B . Qui parle? Identify the subject of each of the following sentences by circling the pronoun you hear. The first one has been done for you.

Commencez.
1. Oh, vous fumez beaucoup! /
2. Est-ce qu'il travaille beaucoup? Non, il est dans sa chambre tout le temps. /
3. Nous ne mangeons pas à l'université. /
4. Qu'est-ce que tu aimes mieux: manger dans ta chambre ou au restaurant? /
5. Est-ce que j'aime les examens, moi? Ah! Ah! Ah! /
6. Il aime quoi, ton camarade de chambre? les sports? /
7. Pourquoi est-ce qu'elles étudient le dimanche? /
8. Où est-ce qu'ils écoutent de la musique?

C . Et toi, tu ... Olivier and his roommate have not been getting along. Use the following suggestions to play the role of Olivier as he complains to his roommate about his bad habits. Then, check your answer with the response on the tape.

You hear: ne pas travailler
You say: Tu ne travailles pas!
You check: Tu ne travailles pas!

Commencez.
1. manger beaucoup /
   Tu manges beaucoup. /
2. parler au téléphone /
   Tu parles au téléphone. /
3. ne pas ranger la chambre /
   Tu ne ranges pas la chambre. /
4. écouter des disques d'Elvis Presley /
   Tu écoutes des disques d'Elvis Presley. /
5. regarder la télévision /
   Tu regardes la télévision. /
6. ne pas écouter /
   Tu n'écoutes pas. /
7. parler trop /
   Tu parles trop.

D. Et vous, vous ... Now a third student moves in with Olivier and his roommate! This new roommate is a carbon copy of the other one. Help Olivier tell *both of them* what they do that drives him crazy.

You hear: ne pas travailler
You say: Vous ne travaillez pas!
You check: Vous ne travaillez pas!

Commencez.
1. manger beaucoup /
    Vous mangez beaucoup. /
2. parler au téléphone /
    Vous parlez au téléphone. /
3. ne pas ranger la chambre /
    Vous ne rangez pas la chambre. /
4. écouter des disques d'Elvis Presley /
    Vous écoutez des disques d'Elvis Presley. /
5. regarder la télévision /
    Vous regardez la télévision. /
6. ne pas écouter /
    Vous n'écoutez pas. /
7. parler trop /
    Vous parlez trop.

E. Et eux, ils ... Obviously, complaining has done no good. Olivier is now talking to the person in charge of room assignments and telling him why he needs to change rooms immediately.

You hear: ne pas travailler
You say: Ils ne travaillent pas!
You check: Ils ne travaillent pas!

Commencez.
1. manger beaucoup /
    Ils mangent beaucoup. /
2. parler au téléphone /
    Ils parlent au téléphone. /
3. ne pas ranger la chambre /
    Ils ne rangent pas la chambre. /
4. écouter des disques d'Elvis Presley /
    Ils écoutent des disques d'Elvis Presley. /
5. regarder la télévision /
    Ils regardent la télévision. /

6. ne pas écouter /
   Ils n'écoutent pas. /
7. parler trop /
   Ils parlent trop.

F . Styles de vie. A group of French students has been visiting a North American university and talking to students there about campus life. Here are some excerpts from their conversations. For each, decide if you are listening to a question (**Q**) or a statement (**S**). Circle your answer.

Commencez.
1. Vous avez beaucoup de travail, n'est-ce pas? /
2. Nous n'avons pas d'examens en juillet. /
3. Vous mangez au restaurant ou à l'université? /
4. Vous étudiez dans les chambres? /
5. Nous avons le téléphone dans les chambres. /
6. Est-ce que vous voyagez en hiver? /
7. Vous regardez la télévision le week-end, n'est-ce pas? /
8. Nous ne fumons pas beaucoup.

G . Préparations. The same group of French students is coming to your campus. Use the suggestions below to describe university life. Then listen to the answer on the tape. Do you agree?

You hear: adorer sortir
You say: Nous adorons sortir.
You check: Nous adorons sortir.

Commencez.
1. manger à l'université /
   Nous mangeons à l'université. /
2. ne pas travailler beaucoup le week-end /
   Nous ne travaillons pas beaucoup le week-end. /
3. regarder les sports à la télévision /
   Nous regardons les sports à la télévision. /
4. ne pas fumer dans les classes /
   Nous ne fumons pas dans les classes. /
5. écouter la radio dans les chambres /
   Nous écoutons la radio dans les chambres. /
6. détester les examens /
   Nous détestons les examens. /
7. voyager au printemps /
   Nous voyageons au printemps. /

8. travailler en été /
   Nous travaillons en été. /
9. aimer danser, boire et rire /
   Nous aimons danser, boire et rire.

H. Et vous, vous... ? Now, use the following expressions to ask about life on French campuses. Use either *vous + est-ce que* or *vous + intonation* as indicated. Listen to the answer on the tape to check your response.

Commencez.
1. (est-ce que) manger à l'université /
   Est-ce que vous mangez à l'université? /
2. ne pas travailler beaucoup le week-end (intonation) /
   Vous ne travaillez pas beaucoup le week-end? /
3. regarder les sports à la télévision (intonation) /
   Vous regardez les sports à la télévision? /
4. (est-ce que) fumer dans les classes /
   Est-ce que vous fumez dans les classes? /
5. (est-ce que) écouter la radio dans les chambres /
   Est-ce que vous écoutez la radio dans les chambres? /
6. détester les examens (intonation) /
   Vous détestez les examens? /
7. voyager au printemps (intonation) /
   Vous voyagez au printemps? /
8. (est-ce que) travailler en été /
   Est-ce que vous travaillez en été? /
9. aimer danser, boire et rire (intonation) /
   Vous aimez danser, boire et rire?

I. Une amie de Chantal Dubois. Chantal is talking about her friend. Listen to what she has to say and, for each statement, decide if she is using an affirmative (elle est) or negative (elle n'est pas) sentence. Circle your answer.

Commencez.
1. Elle s'appelle Anne et elle est canadienne. /
2. Elle déteste travailler, et moi aussi.
3. Comme moi, elle n'étudie pas beaucoup.
4. Elle aime beaucoup le jazz et le rock, et moi aussi, alors c'est bien. /
5. Elle écoute des disques dans la chambre avec moi. /
6. Et vous savez, elle aime les mêmes choses que moi: le sport, les animaux, les chansons pop.
7. Elle n'a pas encore beaucoup d'amis. /
8. Mais elle est sympa et puis, elle range la chambre pour moi. L'idéal, quoi!

J.   Chantal parle. Chantal is describing her friend Anne. Use the words below to say what Chantal says. You will hear the complete sentence after your answer.

Commencez.
1. Anne / être / sympathique. //
    Anne est sympathique. /
2. Elle / ne...pas aimer / étudier, / mais / elle / aimer / le professeur d'anglais. //
    Elle n'aime pas étudier, mais elle aime le professeur d'anglais. /
3. Elle / regarder / des films anglais / à la télévision. //
    Elle regarde des films anglais à la télévision. /
4. Elle / adorer / parler anglais //
    Elle adore parler anglais. /
5. Elle / ne...pas aimer / les garçons. //
    Elle n'aime pas les garçons. /
6. Elle / aimer mieux / les animaux! //
    Elle aime mieux les animaux! /
7. Ce / être / l'amie / de Chantal, / mais / ce / ne...pas être / l'amie / de Marc! //
    C'est l'amie de Chantal, mais ce n'est pas l'amie de Marc!

À l'écoute de ...

A.   C'est qui? Listen as the various members of the Dubois family talk about their lives. For each one, fill in the chart with the things they like and don't like. You may need to listen twice.

Commencez.
1. Moi, je suis sociable. J'adore rire et j'adore sortir. J'adore manger et boire. Et travailler? Je n'aime pas trop! /
2. Je ne suis pas très sociable. J'aime mieux rester à la maison. Je parle anglais et je voyage beaucoup. /
3. J'adore les sports, j'adore les chiens, et j'adore les animaux. J'aime regarder la télévision et écouter la radio, mais je déteste étudier. /
4. Moi, j'aime étudier et j'adore mon chat, Minou. Le sport? Je n'aime pas trop le sport et je déteste le chien. Minou aussi, il déteste Youki!

B.   Les étudiants français. French students sometimes have to rent rooms in private homes in order to attend a university away from their home town. Listen to the secretary in the housing office of a French university as she takes information from local people who have rooms to rent. Fill in the secretary's forms with the information you hear. You will probably have to listen more than once to get all the information.

Commencez.
1. — Pardon, mademoiselle. Vous avez une chambre à louer?
    — Oui. Une grande chambre, avec trois fenêtres, deux lits, et un lavabo.

— Vous avez le téléphone?

— Oui, mais pas dans la chambre.

— Bon, alors il n'y a pas le téléphone dans la chambre. Vous acceptez les animaux?

— Oh, non. C'est impossible. J'ai un chat et c'est assez!

— La chambre est équipée pour des étudiants?

— Oui, il y a deux grandes étagères, deux bureaux et un fauteuil.

— Et les dates?

— La chambre est libre le premier octobre.

— Ça va! Votre nom s'il vous plaît?

— Franchon, F-R-A-N-C-H-O-N.

— Votre adresse?

— 36, rue Voltaire.

— 36, rue Voltaire Et votre numéro de téléphone?

— Le 23.17.09.

— Merci. C'est tout.

— Au revoir madame.

— Au revoir madame.

2. — C'est pour une chambre?

— Oui.

— Elle est comment?

— Pas très grande, mais très confortable. Tapis, fauteuil, deux chaises.

— Lavabo?

— Ah non, il faut sortir dans la salle de bain.

— Téléphone?

— Non, mais c'est possible, pourquoi?

— Non, non, ça va. Vous louez maintenant?

— Non, au premier novembre, pas avant. Voilà mon nom et mon adresse. Lucien, L-U-C-I-E-N., 27, avenue Simon.

— Monsieur Lucien, L-U-C-I-E-N., 27 avenue Simon. Et votre numéro de téléphone?

— Oui, le 18.21.32.

— 18.21.32. Merci monsieur.

3. — J'ai une chambre à louer.

— Maintenant?

— Oui oui, pour le 15 septembre, pour toute l'année scolaire.

— Elle est équipée pour des étudiants?

— Oui, enfin, oui et non. Il y a des lits.

— Des bureaux? des étagères?

— Non, mais il y a une grande table ... et deux grands placards. ... Ça va? Ça va aller?

— Bon, écoutez, je prends quand même. C'est Madame ... ?

— Granger, G-R-A-N-G-E-R., 4, avenue de l'Indépendance.

— 4, avenue de l'Indépendance. Téléphone?

— Ah, non, j'ai pas le téléphone.

Leçon 5

Vocabulaire

un an /
une école /
une guitare /
les jeunes /
une jeune fille /
un petit ami, une petite amie /
un problème /
la vie /
une voiture /
dormir /
habiter /
jouer /
partir /
sortir /
bavard, bavarde /
compréhensif, compréhensive /
content, contente /
débrouillard, débrouillarde /
déprimé, déprimée /
difficile /
égoïste /
équilibré, équilibrée /
facile /
gentil, gentille /
jeune /
joli, jolie /
méchant, méchante /
mignon, mignonne /
pauvre /
riche /
seul, seule /
triste /
vieux (vieil), vieille, vieux, vieilles /
parfois /
souvent /
toujours /
tout le temps /
à /
à côté de /
chez /

derrière /
devant /
loin de /
près de /
avoir vingt ans /
combien de /
quand /
qui /
un adolescent, une adolescente /
un adulte /
un banc /
une bande dessinée /
un bébé /
une personne âgée /
partager /
pleurer /
actif, active /
âgé, âgée /
bien élevé, bien élevée /
calme /
élégant, élégante /
énergique /
ennuyeux, ennuyeuse /
enthousiaste /
fâché, fâchée /
gâté, gâtée /
impoli, impolie /
intellectuel, intellectuelle /
mal élevé, mal élevée /
optimiste /
pessimiste /
poli, polie /
réservé, réservée /
sage /
sévère /
têtu, têtue /
typique /
c'est à qui? /
être au régime /
être de bonne humeur /

être de mauvaise humeur /   une boîte /

être en forme /   un copain, une copine /

jouer de la guitare /   fauché, fauchée /

quel âge as-tu ? quel âge avez-vous? /   un gamin, une gamine /

une bagnole /   un intello /

barbant, barbante /   marrant, marrante /

une BD /   roupiller

Les sons du français

A. La voyelle /ɛ/. The French /ɛ/ closely resembles the sound of *e* in the English word *set*. To produce the French sound /ɛ/, say *set* and then tense your lips and tongue: you are now saying the French word **sept.** Listen as you hear pairs of English and French words. Try to hear the difference between the two words. Then rewind the tape and repeat the words along with the speaker, to feel for yourself how the pronunciation of the two sounds differs.

Commencez.
1. set /
    sept /
2. led /
    laide /
3. bet /
    bête /
4. bell /
    belle

B. /e/ ou /ɛ/? The sound /e/ usually occurs in open syllables, that is, when a syllable ends with a vowel sound. The sound /ɛ/ usually occurs in closed syllables, that is, when a syllable ends with a consonant sound. Listen and repeat the following pairs of words.

Commencez.
1. les /
    laide /
2. chez /
    chaise /
3. été /
    elle /
4. premier /
    première

C. La liaison. Liaison or linking occurs when the silent consonant that ends one word is linked with the vowel beginning the following word, as in **vous avez.** Listen to each sentence and mark the liaisons that you hear the speaker make.

Commencez.
1. Il y a des enfants dans la maison. /
2. Vous avez un stylo? /
3. Vous êtes fatigué? /
4. Elles ont un ordinateur.

D. Ils ont ou ils sont? Because of liaison, you will hear a z-sound in **ils/elles ont.** There is an s-sound in **il/elles sont.** Listen to the following sentences and decide if you hear **ont** or **sont.** Circle your answers.

Commencez.
1. Ils ont 15 ans. /
2. Ils sont fatigués. /
3. Ils sont malades aujourd'hui. /
4. Ils ont des amis canadiens. /
5. Elles sont déjà ici. /
6. Elles ont un cadeau pour vous.

E. Les chiffres. Listen and mark the liaisons you hear.

Commencez.
1. un enfant /
   un chat /
2. deux enfants /
   deux chats /
3. trois enfants /
   trois chats /
4. quatre enfants /
   quatre chats /
5. cinq enfants /
   cinq chats /
6. six enfants /
   six chats /
7. sept enfants /
   sept chats /
8. huit enfants /
   huit chats /
9. neuf enfants /
   neuf chats /
10. dix enfants /
    dix chats

F . Une comptine. In this French counting-out rhyme you will be counting wings (**les ailes**). Can you get the play on words at the end? Listen first, then rewind the tape and read along with the speaker.

Une aile, deux ailes, trois ailes, quatre ailes, cinq ailes, six ailes, sept ailes!

Les sons et les mots

A . Le prix, s'il vous plaît. Listen to the cashier as she rings up the items people have bought. Circle the price of each item. (**F** is the abbreviation for **franc,** the basic unit of currency in France.)

Commencez.
1. Alors, le tee-shirt? 50 F mademoiselle. /
2. Ce bordeaux? Il fait 88 F la bouteille monsieur. /
3. Ça fait 89 F madame. /
4. Et pour vous, monsieur, 62 F! Et voilà! /
5. Bon, alors 47 F mademoiselle, s'il vous plaît! /
6. C'est tout? Eh bien 65 F, et voilà la monnaie!

B . Quel est le prix? Now you are the cashier. Add up each order, then listen to the speaker to check your addition.

Commencez.
1. /
   23 et 5, 28. /
2. /
   31 et 20, 51. /
3. /
   44 et 6, 50 /
4. /
   81 et 2 et 7, 90 /
5. /
   73 et 7, 80 /
6. /
   12 et 30 et 6 et 4, 52

C. C'est quelle page, s'il vous plaît? M. Rasquin always starts his French class by telling his students what page to turn to in their books. Write down the number of the page the class started on each day last week. Then, listen and write down the assignment for next Monday.

Commencez.

Lundi: Alors, vous tournez à la page 34, s'il vous plaît. /
Mardi: Nous commençons aujourd'hui à la page 56. /
Mercredi: Et aujourd'hui, nous sommes à la page 67. /
Jeudi: Bon. On commence... à la page ... 79. /
Vendredi: On est où? À la page 89? Non, non, c'est la page 92. /
Et les devoirs pour lundi... Eh bien, les pages 74, 75 et 76 et aussi les pages 84 à 98.

D. Des adresses utiles. Here are some addresses that might be useful if you plan to travel in France. Listen and complete them.

Commencez.
1. Pour les cours d'été, l'Office National des Universités et Écoles Françaises, 96, boulevard Raspail, 75006 Paris. /
2. Pour avoir des guides, etc., l'Office de Tourisme de Paris, 127, avenue des Champs-Élysées, 75008, Paris. /
3. Vous aimez marcher, le Comité National des Sentiers de Grande Randonnée, 65, avenue de la Grande-Armée, 75016, Paris. /
4. Pour les trains, Tourisme S.N.C.F., 127, Champs-Élysées, 75008, Paris. /
5. Pour le camping, Fédération Française de Camping et de Caravaning, 78, rue de Rivoli, 75001, Paris. /
6. Pour vous loger, Association Résidence et Foyers, 57, boulevard Malesherbes, 75008, Paris.

E. Pour téléphoner à l'étranger. Here are the area codes used in France to telephone someone outside the country. Imagine that you're filling in on an emergency basis for a telephone operator handling overseas calls. Tell the people on the phone what the country code is.

You hear: L'Espagne, L'Espagne, s'il vous plaît.
You say: C'est le 34, monsieur.
You check: Le 34, merci.

Commencez.
1. La Norvège, s'il vous plaît. //
   Le 47, merci. /
2. Le Mexique, s'il vous plaît. //
   Le 52, merci.

3. Le Sri Lanka, s'il vous plaît. //
   Le 94, merci. /
4. L'Australie, s'il vous plaît. //
   Le 61, merci. /
5. La Chine, s'il vous plaît. //
   Le 86, merci.

F. Un chat, un chien et un oiseau. Look at the picture. Then decide if the sentences you hear on the tape are **vrai** (true) or **faux** (false) and circle the appropriate word.

Commencez.
1. L'oiseau est derrière le chat. /
2. L'oiseau est dans la chambre. /
3. Le chat est près du chien. /
4. Le chien et le chat sont loin de l'oiseau. /
5. Le chien, le chat et l'oiseau sont amis.

G. Et maintenant? What happened? Look at the picture again and answer the questions you hear on the tape. Compare your answer with the answer on the tape. Your answer does not need to be as detailed as the answer on the tape.

Commencez.
1. Où est l'étagère? //
   L'étagère est à côté de la fenêtre. Elle est aussi près de la fenêtre. /
2. Où est le chat? //
   Le chat est sur l'étagère. Il regarde l'oiseau et il n'est pas du tout content. /
3. Où est le chien? //
   Le chien est sur la chaise à côté de l'étagère. /
4. Est-ce que l'oiseau est content? //
   Oui, il est très content, mais le chien et le chat ne sont pas du tout contents!

Les mots et les phrases

A. Mais qui donc? Listen to the following sentences and decide if each is about only one person or more than one person. Circle your answers.

Commencez.
1. Quand est-ce qu'il part, maintenant ou demain? /
2. Mais, enfin, il ne sort pas tous les soirs! /
3. Ils sortent par la fenêtre? Mais, c'est fou! /
4. Elles dorment à la maison ce soir? /
5. Il sort le samedi, comme d'habitude. /
6. Ils partent en vacances. /
7. Elle dort sur le tapis. C'est drôle, n'est-ce pas? /
8. Il sort tous les jours.

B . Qui part quand? Use the verb **partir** to say who's leaving when for Christmas vacation.

You hear: Qui part le 16 décembre?
You say: Marc part le 16 décembre.
You check: Marc part le 16 décembre.

Commencez.
1. Qui part le 13 décembre? /
   Janine et Éric partent le 13 décembre. /
2. Qui part le 10 décembre? /
   Jean-Pierre part le 10 décembre. /
3. Qui part le 16 décembre? /
   Marc part le 16 décembre. /
4. Qui part le 20 décembre? /
   Les professeurs partent le 20 décembre. /
5. Qui part le 17 décembre? /
   Je pars le 17 décembre.

C . Qualités et défauts. You are going to hear some students discussing their professors. For each, say if the professor is male or female and circle your answers.

Commencez.
1. Casimir? Pas sympathique, et puis vieux. /
2. Tu l'aimes toi, le prof d'italien? Oh, oui, grand et beau et sportif aussi! /
3. Moi, c'est le prof de mathématiques! Méchante et égoïste et pas du tout
   compréhensive! /
4. Oui, mais le prof de philosophie, très amusante, celle-là. /
5. Et le prof de biologie, si sérieux et têtu. Je le trouve pénible. /
6. Moi j'adore mon prof de géographie. Raisonnable, compréhensive et généreuse.

D . Présentez-les. Can you remember some characteristics of the characters you were introduced to in this lesson? Introduce them using the following information.

You hear: Qui est Guillaume Firket?
You say: C'est un bébé content.
You check: C'est un bébé content.

1. Qui est Sylvie Mabille? /
   C'est une fille difficile. /
2. Qui est François Pinel? /
   C'est un garçon typique. /
3. Qui est Cédric Rasquin? /
   C'est un adolescent malheureux.

4. Qui est Suzanne Mabille? /
   C'est une étudiante sportive. /
5. Qui est Béatrice Dubois? /
   C'est un professeur énergique.

E. On aime ou on déteste? Say whether you like or don't like each item. Pay attention to where you put the adjective. After a pause for your answer, you will hear a suggested response.

You hear: les films / vieux
You say: J'aime les vieux films. or Je n'aime pas les vieux films.

Commencez.
1. les professeurs / intelligents //
   J'aime les professeurs intelligents. /
2. les chiens / méchants //
   Je n'aime pas les chiens méchants. /
3. les chambres / grandes //
   J'aime les grandes chambres. /
4. les livres / beaux //
   J'aime les beaux livres. /
5. les voitures / vieilles //
   Je n'aime pas les vieilles voitures. /
6. les étudiants / paresseux //
   J'aime les étudiants paresseux.

F. Moi aussi! Are you like the people in this activity? If so, say **moi aussi.** If not, say **pas moi.**

You hear: Daniel aime les films français.
You say: **Moi aussi** (if you like French films) or **Pas moi!** (if you don't).

Commencez.
1. Nicole aime la musique classique. /
2. Olivier aime les petites voitures. /
3. Candide aime les chats. /
4. Alceste aime travailler. /
5. Éric aime sortir. /
6. Claudine aime les livres sérieux. /
7. Mathieu aime les lundis. /
8. Janine aime les vendredis.

À l'écoute de ...

A. Photos de famille. Listen as Christine describes pictures of her family (Esther, Harold, Maurice, Gaby, Jean, Martine, and Jeanine). Write the names of the people in each photo and indicate when the photo was taken.

Commencez.

Bon, alors là, tu vois, c'est Esther. Elle est très très sympa. Je l'aime beaucoup Esther. Elle s'intéresse à tout, elle est très très gentille et très amusante. Là, sur la photo, elle est avec Gaby. Mais Gaby, regarde Gaby! Il est mignon hein? Gaby. Là sur la photo, il a 6 ans. Il est chouette Gaby, il est très drôle et très intelligent mais il est aussi un peu difficile. Son père, c'est Harold. Là, c'est au mois de novembre, au moment des vacances de la Toussaint. /

   Tiens, Harold, il est là, sur l'autre photo. Il est assis sur le fauteuil. C'est le brun. Il est prof d'anglais. C'est le vrai intellectuel. Très intelligent, il aime lire, travailler, un peu sévère, mais amusant souvent. À côté de lui c'est Maurice. Maurice, lui, il est docteur. En fait il est psychanalyste. Il n'a pas l'air très heureux sur la photo. Mais il est très gentil, très compréhensif. Tous les enfants l'aiment beaucoup. Oui, là sur la chaise, c'est Maurice. Ça, c'est en été. C'est.... en juillet. Ah, oui, c'est pour le week-end du 14 juillet. /

   Et là, c'est Jean, Martine et Jeanine. C'est en décembre, pendant les vacances de Noël. On est tous chez Martine. Jean est très amusant. Il parle français, anglais, espagnol, pas très bien, mais enfin... Il habite à Genève. Il est un peu ennuyeux, mais il est bien gentil. Il a 42 ans. /

   À côté de lui c'est Martine. Elle a trois enfants. Là, c'est chez elle. Elle est très jolie et très élégante, mais pas sur la photo. Elle adore la politique et la musique classique. Et les enfants aussi. Elle est très sociable et toujours optimiste. À côté d'elle, c'est Jeanine. Jeanine a 40 ans. Elle est professeur et elle habite à Genève aussi. Elle est mariée avec Jean et ils ont quatre enfants. Elle est un peu grosse, mais elle est très débrouillarde et très gentille. Elle est aussi très bavarde.

B. Ils sont comment? Now, listen to the description of the photos one more time. This time, write on the chart below as many details as you can for each category. Since you will probably understand more than you can write in French, you may use both English and French.

Leçon 6

<u>Vocabulaire</u>

un appartement /

un après-midi /

une bibliothèque /

un café /

la campagne /

une heure /

un hôtel /

un lac /

un magasin /

une maison /

le matin /

la mer /

la montagne /

la neige /

la nuit /

un parc /

une piscine /

une plage /

la poste /

une résidence universitaire /

un restaurant /

le soir /

le soleil /

un supermarché /

un village /

une ville /

aller /

chercher /

commencer à /

préférer /

téléphoner (à quelqu'un) /

terminer /

trouver /

quel, quelle /

à une heure /

à deux heures /

à quelle heure? /

aujourd'hui /

avoir chaud /

avoir froid /

avoir sommeil /

comment /

demain /

en /

pendant /

pourquoi /

quelle heure est-il? /

vous avez l'heure? /

s'il te plaît /

s'il vous plaît /

un arbre /

une banque /

un bateau, des bateaux /

le ciel /

une église /

un hôpital /

une journée /

un laboratoire /

un pique-nique /

un pré /

un restaurant universitaire /

une vache /

briller /

nager /

skier /

préféré, préférée /

un appart /

l'aprèm /

une BU /

un labo /

un restau /

un restau-U

Les sons du français

A . Le son /o/. The French sound /o/ as in the word **trop** is similar to the sound heard in the English words *bone* or *own*, but without a glide or diphthong. To pronounce /o/, round your lips and push them forward as you did to pronounce /u/ as in vous. Then push your tongue back and bunch it up in the back of your mouth. You will be saying the sound /o/ as in vos (*your*). Listen and repeat the following words containing /o/. Note the various spellings of /o/.

Commencez.
1. numéro /
2. beau /
3. Claude /
4. chaud /
5. animaux /

B . Anglais ou français. Listen as the speaker first pronounces a word in English and then a word in French. Compare the glided vowel of English to the single vowel sound of French.

Commencez.
1. dough /
   dos /
2. beau /
   beau /
3. foe /
   faux /
4. mow /
   animaux /
5. sew /
   seau /
6. show /
   chaud

C . L'élision. Élision is the dropping of the final -e or -a of words like **le, la,** and **je** when followed by a word beginning with a vowel. Listen and underline where **élision** occurs.

Commencez.
1. Ils ne sont pas à l'hôpital. /
2. J'aime l'ami d'Élise. /
3. Nous n'avons pas beaucoup d'amis. /
4. Voilà l'appartement d'Anne. /
5. Est-ce qu'elle va à l'école?

D . Les mots nouveaux. Circle the word you hear in each sentence.

Commencez.
1. Allez, viens manger, Jeannette! /
2. Tu vas à la poste aujourd'hui? /
3. Il va jouer au jardin. /
4. Tu vas trouver le numéro? /
5. Je suis au soleil, ici. /
6. Nous partons à la montagne demain.

E . Une chanson à dormir. Here is a French lullaby. The little brother, Colas, is told to "go beddybye" (**fais dodo**). If he does, he'll get some milk (**du lolo** = babytalk). Mommy is upstairs making a cake and Daddy is downstairs making chocolate. Listen, and underline all the /o/ sounds you hear.

Commencez.

Fais dodo, Colas mon p'tit frère,
Fais dodo, t'auras du lolo!
Maman est en haut qui fait du gâteau,
Papa est en bas qui fait du chocolat.
Fais dodo, Colas mon p'tit frère,
Fais dodo, t'auras du lolo!

Les sons et les mots

A . Dans ou en? Do you hear *dans* or *en* ? Circle your answer.

Commencez.
1. Où? Dans la classe? /
2. Oui, oui, en vacances! /
3. Pas en classe de maths! /
4. Non, dans ma chambre! /
5. Oh. Et bien ... en France. /
6. Oh, non! Pas en ville!

B. Répondez! Answer each question using *dans* or *en* plus the words suggested. Follow the model and check your answer with the tape.

You hear: Où vas-tu à neuf heures et demie?
You say: En classe.
You check: En classe.

Commencez.
1. Où est-ce que tu vas? /
   En ville. /
2. Où est-ce qu'il est? /
   Dans la chambre de Marc. /
3. Où est-ce que tu vas être ce soir à neuf heures? /
   Dans la bibliothèque. /
4. Quand est-ce que tu pars? /
   En juillet. /
5. C'est quand l'anniversaire de Christine? /
   En hiver. /
6. Où est le professeur? /
   Dans le bureau.

C. Horaires de train. The trains are leaving! Listen and circle the four departure times you hear.

Commencez.
1. Le train 23! Le train 23 va partir de Paris à 12 h 25.
2. Le train 27? Le train 27 part de Dijon à 19 h 46.
3. Les samedis, dimanches et fêtes, le train 21 part de Paris à 7 h 14.
4. Le train 25 part de Vallorbe à 17 h 32.

D. De Paris à Lausanne. Can you answer these questions about the train schedule for the Paris-to-Lausanne line? Compare your answers to those suggested on the tape. (An *express* is a train that makes no more than one stop.)

Commencez.
1. À quelle heure part l'express le matin? /
   L'express part à 6 h 55. /
2. Est-ce qu'il y a un train à midi? /
   Oui, à 12 h 25. /
3. Est-ce qu'il y a un express à cinq heures de l'après-midi? /
   Non, mais il y a un train à 14 h 20. /
4. À quelle heure part le train du soir? /
   À 18 h 06.

E. Changement d'horaire. Some of the local movie theaters have just changed the starting times of their films. Listen and circle the times which are still correct. Then, rewind to listen again and correct the times that have changed.

Commencez.
1. Alpha 1: 14 h, 16 h 30, 20 heures, et 22 h 30. /
2. Alpha 2: 14 h, 16 h 30, 19 h 30, et 22 heures. /
3. Le Paris: 14 heures, 18 heures, et 22 heures. /
4. Le Capitole: 13 h 15, 15 h 50, et 20 h 10.

F. Plan de ville. Say if the following are places which can be found in this part of Livreville or not. Circle **oui** or **non**.

Commencez.
1. Est-ce qu'il y a une poste? /
2. Est-ce qu'il y a un restaurant? /
3. Est-ce qu'il y a une église? /
4. Est-ce qu'il y a un hôtel? /
5. Est-ce qu'il y a un supermarché? /
6. Est-ce qu'il y a des magasins? /
7. Est-ce qu'il y a une bibliothèque? /
8. Est-ce qu'il y a une université?

G. Où est? Now, refer to the map in **F** and say what each place is next to. Then, listen to some possible answers.

You hear: le supermarché
You say: à côté des magasins

Commencez.
1. la poste /
   à côté du café, à côté de l'église /
2. l'église /
   à côté de la poste /
3. le café /
   à côté de la poste, à côté des magasins /
4. la banque /
   à côté de la bibliothèque, à côté de l'hôpital /
5. l'hôpital /
   à côté de la banque, près du supermarché /
6. la bibliothèque /
   à côté de la banque, près de l'église /

Les mots et les phrases

A . Quel verbe? Circle the verb you hear in each sentence. Then rewind the tape and write the form of the verb on the line. The first one is done for you.

Commencez.
1. Tu vas à la bibliothèque ou au restau-U? /
2. Alceste et Candide ont des problèmes. /
3. Où sont les clés? /
4. Qui est là? /
5. Il n'y a pas de télévision chez moi. /
6. Ils vont où maintenant?

B . On va en ville. Everyone has plans in town this afternoon. Say this, following the model. Then check your answers with those on the tape.

Modèle: Claude / à la poste.
                Claude va à la poste.

Commencez.
1. Nous / au restaurant /
   Nous allons au restaurant. /
2. Tu / en ville avec nous? /
   Tu vas en ville avec nous? /
3. Paul / à l'hôpital /
   Paul va à l'hôpital. /
4. Les copains / au cinéma /
   Les copains vont au cinéma. /
5. Je / à la banque /
   Je vais à la banque. /
6. Vous / au supermarché? /
   Vous allez au supermarché?

C . Tu ne m'écoutes pas! Alceste is only half listening to Candide. As a result, his answers don't always make sense. Listen and circle **oui** if Alceste's answer makes sense. Circle **non** if it doesn't.

Commencez.
1. Quand est-ce qu'on mange ce soir? /
   Au restaurant. /
2. On mange au restaurant ce soir? Pourquoi? /
   Parce que je n'aime pas manger à la maison. /

3. Bon, quand est-ce qu'on part? /
  À côté du supermarché. /
4. Bon, ... ah .... on mange ce soir au restaurant à côté du supermarché. Mais, à quelle heure est-ce qu'on va au restaurant? /
  À quelle heure? À huit heures comme toujours!

À l'écoute de ...

A. Emploi du temps. Here is Anne's schedule. Listen as she talks with Jean-Pierre. Circle **oui** if she is following her schedule, **non** if she is not.

Commencez.
1. Jean-Pierre: À quelle heure tu vas à la classe de biologie?
   Anne: À huit heures. Pourquoi? /
2. Jean-Pierre: Et après, qu'est-ce que tu fais?
   Anne: Ben, je vais à la bibliothèque, et toi? /
3. Jean-Pierre: Tu veux manger avec moi à midi?
   Anne: Oui, d'accord, mais pas à la cafétéria!
   Jean-Pierre: Bon, alors on va au restaurant.
   Anne: D'accord. /
4. Jean-Pierre: J'vais jouer au tennis cet après-midi. Tu viens?
   Anne: Oh non, j'peux pas. J'ai un examen demain et j'vais étudier dans ma chambre. /
5. Jean-Pierre: Et ce soir, tu vas travailler?
   Anne: Oui, si ch'suis pas trop fatiguée. Pourquoi?
   Jean-Pierre: J'voudrais aller au cinéma.
   Anne: Bon, ben, ça dépend. À quelle heure?
   Jean-Pierre: Y a une séance à huit heures.
   Anne: Bon, ben, d'accord.

B. Le plan de l'université. Jean-Luc, a newly arrived exchange student, has a campus map, but the legend is missing. Listen as he asks another student for help and write the number of each building next to its name. The first one has been done for you. You may have to rewind and listen several times to get all the information.

Commencez.

— Pardon, s'il vous plaît, vous êtes étudiante ici?
— Oui, pourquoi?
— Ben, je cherche la Maison Internationale.
— La Maison Internationale... la Maison Internationale... C'est un peu loin... Attendez, vous avez un plan?
— Oui, là, mais il y a que des chiffres. C'est quel bâtiment?

— Ah, bon. Alors, on est là, devant l'église, ce bâtiment-là derrière l'église, c'est l'Ecole de Médecine.

— Là?

— Oui, le numéro deux, ... et alors à côté de l'École de Médecine, il y a les deux bâtiments de la Faculté des Sciences. Là, ce bâtiment comme la lettre H, ça, c'est la Fac de Chimie et la Fac de Physique.

— Toutes les deux à côté de l'École de Médecine?

— Oui, la chimie, c'est trois et la physique, c'est quatre.

— Et à côté de l'église, qu'est-ce que c'est?

— Oh, ça, c'est un musée.

— Et la bibliothèque alors, elle est où?

— Là, à côté du lac, ce grand bâtiment moderne, numéro cinq.

— Là, par derrière? Le beige?

— Oui, c'est ça. Bon, alors pour la Maison Internationale, on continue derrière la bibliothèque. Le sept, c'est la Faculté d'Histoire et le huit, c'est l'Institut des Langues Modernes et ... oui, là, bon, devant l'Institut des Langues Modernes, c'est l'Institut des Langues Orientales, le neuf. Et devant, ce bâtiment comme un C, c'est la Maison Internationale.

— Le dix alors?

— Oui, à côté du parking.

— Et il y a un restaurant universitaire à la Maison Internationale?

— Ah, ça, je ne sais pas.

— Bon, eh bien merci beaucoup.

— De rien, mais c'est pas un très bon plan!

— Ah non alors. Merci, hein. Salut.

— Salut!

Leçon 7

Vocabulaire

un cousin, une cousine /
une famille /
une femme /
une fille /
un fils /
un frère /
une grand-mère /
un grand-père /
des grands-parents /
un mari /
un oncle /
des parents /
une tante /
une cuisine /
une salle de séjour /
le temps /
mort, morte /
né (en) /
faire les courses /
faire la cuisine /
faire le ménage /
faire la vaisselle /
Il fait beau /
Il fait chaud /
Il fait du soleil /
Il fait du vent /
Il fait froid /
Il fait mauvais /
Il neige /
Il pleut /
arriver /

faire /
vouloir /
après /
là /
qui /
une femme de ménage /
un nuage /
une petite-fille /
un petit-fils /
des petits-enfants /
célibataire /
divorcé, divorcée /
marié, mariée /
neiger /
pleuvoir /
faire les lits /
Il fait bon /
Il fait frais /
Il fait gris /
Il fait lourd /
quel temps fait-il? /
ça caille /
faire du shopping /
un frangin /
une frangine /
maman /
mémé, mamie, bonne-maman /
la météo /
papa /
pépé, bon-papa

Les sons du français

A. **Le son** /ɔ/. The French sound /ɔ/ as in the word **bonne** is approximately intermediate between the English vowel sound in words like *caught* and the sound in words like *cot*. Try to imitate the speaker as you repeat the following words.

Commencez.
1. une pomme /

2. une note /
3. mort /
4. une école /
5. Elle est folle. /
6. Tu sors?

B. Le son /o/ ou le son /ɔ/ ? In general, the sound /o/ is found in open syllables (those that end with a vowel sound) and before the sound /z/, while the sound /ɔ/ is found in closed syllables (those that end with a consonant sound). Listen and repeat after the speaker.

Commencez.
1. allô /
   une porte /
2. un cadeau /
   un effort /
3. beau /
   bonne /
4. beaucoup /
   téléphone /
5. fauteuil /
   espagnol /
6. rose /
   sportif

C. Le son /a/. The sound /a/ in French is intermediate between the vowel sound in the English word *pat* and that in the word *pot*. Listen and repeat after the speaker.

Commencez.
1. Ils arrivent à midi. /
2. Voilà papa! /
3. Voilà le gâteau. /
4. C'est la femme de Patrick.

Les sons et les mots

A. La météo. Here are some excerpts from a French weather report. As you listen, verify the information by referring to the weather map. If what you hear is true, circle **vrai**. If what you hear is false, circle **faux**.

Commencez.
1. Il fait beau à Nice. /
2. Mais à Limoges il pleut. /

3. Aujourd'hui il fait beau à Lille. /
4. À Biarritz, il fait gris. /
5. À Nantes il neige. /
6. Et il fait froid à Strasbourg.

B. À vous. Play the role of weather person. Look at the map and tell what the weather is like in each city. Then listen for a suggested response.

Commencez.
1. /
   À Paris, il fait du soleil. /
2. /
   À Marseille, il fait du vent. /
3. /
   À Lille, il pleut. /
4. /
   À Strasbourg, il neige.

C. Trois familles : les photos. Here are family photographs of three families. You will hear one person from each family talk about his or her family. As you listen, decide which family each speaker belongs to.

Commencez.
1. Je m'appelle Olivier et voilà ma famille. Nous sommes trois maintenant puisque mon père et ma mère sont divorcés. Mon petit frère s'appelle Luc... /
2. Je m'appelle Marie-Camille et voilà ma famille. Il y a mon mari, mon fils, ma fille, et bien sûr, moi, sur la photo... /
3. Je m'appelle Joseph, et oui, c'est ma famille. La petite, c'est Sophie. C'est la fille de mon fils Georges et sa femme Claudine. Ils sont morts dans un accident de voiture, et voilà, ...

D. Trois familles : écoutez bien. Here is some more information about the three families above. As you listen, jot down notes to help you remember who belongs to what family. You may want to write the names of family members next to their pictures. You will need this information for the exercise that follows this one.

Commencez.
1. Eh ben, oui. Que voulez-vous? Me voilà toute seule avec deux fils. Luc, le petit, ça va, mais Olivier... c'est difficile. Pas de père, une mère qui est toujours fatiguée... /
2. Nous sommes une famille on ne peut plus typique! Ma femme reste à la maison. C'est elle qui fait la cuisine et tout. Ma fille, Lucie, elle a beaucoup de copains et elle n'est pas souvent à la maison. Mais, Patrick! C'est un sportif, lui. Champion de foot, c'est sûr! /
3. Les pauvres, Georges et Claudine, morts si jeunes! Et la pauvre Sophie aussi. Joseph et moi, on n'a plus trente ans, vous savez, mais Sophie, elle est heureuse. On verra.

E. Trois familles : à vous. Using the information you've gathered in the activities above, give the family relationships. You will hear a suggested response after your answer.

Modèle: Olivier / Luc
               Olivier est le frère de Luc.

Commencez.
1. Mathilde / Joseph /
    Mathilde est la femme de Joseph. /
2. Patrick / Marie-Camille /
    Patrick est le fils de Marie-Camille. /
3. Marie-Camille / Lucie et Patrick /
    Marie-Camille est la mère de Lucie et Patrick. /
4. Mathilde / Sophie /
    Mathilde est la grand-mère de Sophie. /
5. Lucie / Patrick /
    Lucie est la soeur de Patrick.

Les mots et les phrases

A. Il fait ou ils font? Circle the verb you hear.

Commencez.
1. Mais enfin, qu'est-ce qu'il fait? /
2. Il fait chaud aujourd'hui. /
3. Ah, ils font la vaisselle ce soir, bon! /
4. Et demain qu'est-ce qu'ils font? /
5. Pierre et elle font le ménage pour moi.

B. Chez les Martin. Listen once without writing to find out how household chores are taken care of at the Martins'. Then, rewind to listen a second time and fill in the missing words.

Commencez.

Moi, je travaille de huit heures du matin jusqu'à cinq heures du soir. C'est impossible de tout faire moi-même et nous ne sommes pas riches. Pas de femme de ménage chez nous ! Je fais les courses et je fais la cuisine le soir. On n'est pas à la maison à midi et le matin, c'est vite fait. Olivier et Luc font leur lit et, en principe, ils rangent leur chambre, mais en réalité... Alors, le soir, Olivier fait la vaisselle et le week-end nous faisons tous le ménage.

C. Singulier ou pluriel? Circle the verb form you hear in each sentence.

Commencez.
1. Que veux-tu? /
2. Ils ne veulent pas étudier! Ce n'est pas normal. /
3. Je veux bien, mais ... /
4. Qu'est-ce que vous voulez faire maintenant? /
5. Elle veut partir mais ce n'est pas possible.

D. Qu'est-ce qu'ils veulent? Use the verb **vouloir** to say what each person wants. Then listen for the suggested answer.

Commencez.
1. /
   Luc et Olivier ne veulent pas faire le ménage le week-end. /
2. /
   Mathilde Leupin veut dormir. /
3. /
   Je veux sortir le soir. /
4. /
   Vous voulez sortir le soir !

À l'écoute de ...

Quelles nouvelles? Two old friends have met for the first time in years. Listen as they catch up with each other's lives.

Conversation A.
SYLVIE: Tiens! par exemple! Claudine Chabrol! Quelle surprise!
CLAUDINE: Sylvie, je suis si heureuse de te voir. Qu'est-ce que tu deviens?
SYLVIE: Oh, toujours la même chose! Au travail le matin, à la maison l'après-midi avec les enfants.
CLAUDINE: Tu travailles toujours à l'hôpital?
SYLVIE: Oui, mais au service des enfants.
CLAUDINE: C'est pas trop pénible le service des enfants?
SYLVIE: Non, ça va, ils sont gentils, et ils partent vite. Mais et toi? où es-tu maintenant?

CLAUDINE: Eh bien, j'habite au Canada. Jean-François travaille pour Peugeot, alors j'ai pris un poste de prof de français dans un lycée.
SYLVIE: Et ça te plaît le Canada?
CLAUDINE: J'adore. C'est formidable.

Conversation B.

CLAUDINE: Et tes parents? Ça va?
SYLVIE: Oh oui! ça va, ça va!
CLAUDINE: Alors tu as des enfants?
SYLVIE: Oui, deux. Jean-Pierre, il a cinq ans. Et ma petite Sophie, elle a trois ans.
CLAUDINE: Eh bien Bravo! C'est formidable. Deux enfants. ... Et ton mari?
SYLVIE: Paul? Il va bien. Il est toujours chez IBM. Il aime son travail. Et IBM, c'est bien.

Conversation C.

SYLVIE: Mais je parle, je parle ... Et toi? Parle-moi de toi.
CLAUDINE: Oh moi, y a pas grand-chose à dire. Jean-François voyage beaucoup pour son travail. Il n'est pas souvent à la maison, mais nous avons beaucoup d'amis et quand j'ai des vacances je voyage avec lui. J'adore voyager ...
SYLVIE: Vous habitez en ville?
CLAUDINE: Non, on a une très jolie maison dans un quartier résidentiel.
SYLVIE: Des enfants?
CLAUDINE: Non, Jean-François voyage trop et moi je suis avec les élèves toute la journée. Alors on attend! Plus tard peut-être.
SYLVIE: Et vous venez en France tous les étés?
CLAUDINE: Oh oui! mes parents sont vieux. Ils ont besoin de moi.
SYLVIE: Ils ne vont pas te voir au Canada?
CLAUDINE: Non, maman est fragile, souvent malade et papa n'aime pas voyager. Mais toi, viens me voir ...
SYLVIE: Pourquoi pas? Moi je veux bien, tu sais. J'dis pas non ...

A. Qui? Listen again and fill in the missing information.

B. Détails supplémentaires. Based on the conversations you just listened to, give a few additional details for each of the following people. Listen again to the tape if necessary. (French or English).

Leçon 8

Vocabulaire

un bateau, des bateaux
une chose
un projet
un vélo
gagner
rencontrer
rester
tomber
autre
différent, différente
fatigant, fatigante
important, importante
faire de la marche
faire de la natation
faire de l'exercice
faire du bateau
faire du jogging
faire du ski
faire du sport
faire du vélo
faire une promenade
faire une randonnée
jouer au football
jouer au tennis
jouer aux cartes
jouer de la guitare
jouer du piano
jouer du violon
à pied
avoir envie de
ce, cet, cette, ces

ici
mal
sans
si
tout le monde
voici
le basket-ball
un bateau à voile
une carte
une équipe
le football américain
le golf
un joueur, une joueuse
un membre
célèbre
horrible
merveilleux, merveilleuse
sûr, sûre
aller à pied à
être membre de
faire de la musique
faire de la planche à voile
faire de la plongée sous-marine
faire de la voile
le basket
faire une balade
faire du footing
le foot
formidable
un truc

Les sons du français

A. Le son /ø/. The sound /ø/ has no near equivalent in English. It is the sound you hear in the French words **un peu** or **je veux**. To pronounce /ø/, first say the sound /e/ as in **dé**. Then, while saying /e/, try to round your lips to say /o/. Repeat each pair of words after the speaker.

Commencez.
1. vé /
   veut /
2. gé /
   jeux /
3. pé /
   peux

B. Deux ou douze? The difference in sound between **deux** and **douze** is frequently difficult for English speakers. Listen to the following sentences. Circle either **deux** or **douze** according to what you hear.

Commencez.
1. Deux cafés s'il vous plaît. /
2. J'ai besoin de douze crayons pour demain. /
3. J'ai deux soeurs et deux frères. /
4. Elle habite avec douze chats. /
5. Tu as douze ans? /
6. Il y a douze chaises et une table.

C. Le son /œ/. There is no near English equivalent for /œ/ in French. The sound /œ/ is the sound you hear in words like **jeune** or **seul**. /œ/ is pronounced very much like the sound /ø/ but the jaw is dropped slightly. Listen and repeat the following words that contain the sound /œ/.

Commencez.
1. leur /
2. ils veulent /
3. elles peuvent /
4. Quelle heure est-il? /
5. Il est neuf heures. /
6. Voilà des fleurs.

D. Le son /ø/ ou le son /œ/? In general, /ø/ is found in open syllables (syllables that end with a vowel sound), and /œ/ is found in closed syllables (syllables that end with a consonant sound). Listen and repeat each pair of words after the speaker.

Commencez.
1. bleu /
    fleur /
2. vieux /
    couleur /
3. il veut /
    ils veulent /
4. elle peut /
    elles peuvent

E. Un, deux, trois... This comptine tells about going to the woods to gather red cherries in a new basket. Try to say it along with the tape.

Commencez.

1, 2, 3
J'irai dans les bois
4, 5, 6
Cueillir des cerises
7, 8, 9
Dans mon panier neuf
10, 11, 12
Elles seront toutes rouges.

Les sons et les mots

A. Les jeux et les sports. What are people talking about? Write the number of the sentence under the appropriate picture.

Commencez.
1. Tu vas faire du violon ce soir? /
2. Elle est partie faire du vélo. /
3. On fait de l'exercice tous les jours. /
4. Tu veux jouer aux cartes? /
5. On va faire une petite promenade, d'accord? /
6. Attention, y a une dame qui fait du jogging!

B . Qu'est-ce qu'ils font? Use *faire* to say what these people are doing. Compare your answers with those on the tape.

Commencez.
1. /
   Elle fait du jogging. /
2. /
   Il fait du vélo. /
3. /
   Il fait du ski. /
4. /
   Elles font de la natation. /
5. /
   Elle fait de l'exercice. /
6. /
   Il fait une randonnée en montagne.

C . Appréciations. Are the reactions you hear on the tape positive or negative? Circle your answers.

Commencez.
1. C'est horrible! /
2. C'est super! /
3. C'est fatigant! /
4. C'est formidable! /
5. C'est ennuyeux! /
6. C'est merveilleux!

D . Réagissez! Use one of the expressions below to react to each suggestion on the tape. Compare your answer with those on the tape. Do you agree or not?

Commencez.
1. travailler la nuit /
   C'est très fatigant. /
2. dormir tout le temps /
   C'est assez ennuyeux. /
3. avoir beaucoup d'amis /
   C'est formidable. /
4. être malade /
   C'est ennuyeux. /
5. jouer du violon /
   C'est merveilleux. /
6. travailler au laboratoire /
   C'est très ennuyeux.

E. Quel sujet? For each dialogue you hear, circle the topic of conversation.

Commencez.
1. —Tiens, tu as un vélo Peugeot?
   —Oui, c'est un vélo de compétition, mais moi, c'est pour des promenades. /
2. —Qu'est-ce que tu préfères, la plage ou la piscine?
   —Pour faire de la natation, la piscine, mais pour jouer au ballon, la plage. /
3. —Tu aimes le foot?
   —Oh, oui, ici on joue tous les soirs mais pas dans une équipe! C'est super le foot!

F. L'orthographe! Listen and fill in the blanks with *sais, c'est,* or *cet.*

— Cet examen est difficile! /
— Oui, c'est un examen difficile! /
— C'est quand, l'examen?
— Moi, je ne sais pas, toi?

Les mots et les phrases.

A. Questions ou réponses? Are these questions or answers? Circle Q for **question** or R for **réponse.**

Commencez.
1. Qu'est-ce qu'il veut? /
2. C'est ça qu'il aime. /
3. À qui est-ce qu'elle téléphone? /
4. De quoi est-ce qu'ils parlent? /
5. De l'examen demain. /
6. Avec Christiane et Paul.

B. Comment? The connection's really bad. Ask questions to get the information you couldn't hear. Then listen to the answer on the tape.

You hear: Avec Marie mmmmmm.
You say: Avec qui?
You listen: Avec Marie Merteuil.

Commencez.
1. Chez Jean-mmmmmmmmmm. /
   Chez qui? / Chez Jean-Paul Plotin. /
2. Avec un mmmmmmmmmm /
   Avec quoi? / Avec un ordinateur. /

3. Monsieur Berrrrmmmmmmmm /
   Monsieur qui? / Monsieur Berceau. /
4. mmmmmmmmmmmmmm /
   Quoi? / Rien d'important. /
5. L'ami de Mmmmmmmmmmm /
   L'ami de qui? / L'ami de Marc Mermoz.

C. La bonne réponse. Answer each question on the tape with one of the suggested responses. Then check your answer with the tape.

Commencez.
1. Qu'est-ce que tu vas étudier ce soir à la bibliothèque? /
   L'anglais. /
2. À qui est-ce que tu parles? /
   À personne. /
3. De quoi est-ce que tu as envie pour ton anniversaire cette année? /
   Un vélo. /
4. Avec quoi est-ce que vous allez à la plage en été? /
   Avec mon sac.

D. Et la question? As you came in the room, you picked up only the last part of the answer to a question. Say what you think the question might have been. Then, compare your answer to the one suggested on the tape.

Commencez.
1. À ma soeur. /
   À qui est-ce que tu téléphones? /
2. Mon dictionnaire. /
   Qu'est-ce que c'est? /
3. Avec mes amis. /
   Avec qui est-ce que tu sors ce week-end? /
4. De rien. /
   De quoi est-ce que vous parlez?

E. Les changements. Listen. Are these people changing their habits or not? Circle *oui* or *non.* (Hint: Listen for *ne...plus.*)

Commencez.
1. Je ne joue plus au tennis. /
2. Mon frère ne fait jamais la vaisselle. /
3. Nous n'allons plus au cinéma. /
4. Il ne joue pas aux cartes. /
5. Nous ne faisons plus les lits le dimanche. /
6. Nous ne mangeons plus de chocolat!

F. Changeons! Make some changes in your life-style. Say what you're going to do or not going to do anymore. Compare your answers with those on the tape. Do you agree or not?

Modèle: faire de l'exercice →
                 Je vais faire de l'exercice.
                 ou
                 Je ne vais pas (plus) faire d'exercice.

Commencez.
1. regarder la télévision /
   Je ne vais plus regarder la télévision. /
2. sortir le mercredi soir /
   Je ne vais pas sortir le mercredi soir. Je vais étudier. /
3. rester dans ma chambre le soir /
   Je ne vais plus rester dans ma chambre le soir. Je vais à la bibliothèque! /
4. faire du jogging /
   Oui, je vais faire du jogging ... demain.

G. Quel verbe? Circle the infinitive of the verb you hear. Then, rewind to listen again and write the form of the verb on the line.

Commencez.
1. Ne sois pas si triste! /
2. Allons au cinéma! /
3. Ayez de la patience! /
4. Soyez patiente! /
5. Va au supermarché! /
6. Ne soyons pas méchants!

H. Le week-end. Use the ideas below to make some suggestions for things to do this weekend. Add details (where, when, how, etc.). Then listen to the suggestions on the tape.

Commencez.
1. aller faire du ski /
   Allons faire du ski dimanche avec Daniel et sa petite amie. /
2. aller au restaurant /
   Allons au restaurant français à côté de la poste à 7 heures et demie, d'accord? /
3. regarder la télévision /
   Regardons un film à la télévision ce soir. Ne sortons pas. /
4. jouer aux cartes /
   Jouons aux cartes dans la chambre de Michel et invitons des filles.

À l'écoute de ...

Interview avec un étudiant français. Here is an interview with a French student named Étienne. What do you think he will talk about?

A. Au sujet de ... Listen to the entire interview. Use English or French to identify the topic of each part of the interview.

Commencez.

Numéro un /
— Bonjour Étienne, c'est très aimable à vous d'accepter de me parler.
— Oh non, pas du tout, ça me fait plaisir.
— Alors vous êtes étudiant ici?
— Oui, à la Fac de Science. En fait je suis en ... ben, ... je fais biologie.
— Vous êtes en première année?
— Oui, oui, en première année.
— Et vous avez beaucoup de travail?
— Oh oui, pas mal, surtout au moment des examens.
— C'est quand les examens?
— En juin généralement, juste avant les vacances.
— Vous habitez à la Résidence universitaire?
— Non, j'habite chez mes parents; ils habitent en ville, alors c'est plus facile.
— Et ça va?
— Oh, oui. J'ai ma chambre et je suis indépendant.
— Et vous allez à la Fac tous les jours?
— Oh non, pas le lundi et pas le samedi et jamais l'après-midi.
— Ah bon! Vous n'avez pas beaucoup de cours alors?
— Enfin, deux ou trois par jour. Ça dépend!

Numéro deux /
— Et après les cours, qu'est-ce que vous faites?
— Ça dépend. Je vais travailler dans ma chambre ou on va au café avec les copains.
— Au café?
— Oui, on parle.
— Et de quoi parlent les étudiants français quand ils sont au café?
— Et de quoi parlent les étudiants américains? ... des filles?
— Oui, bien sûr.
— Hé, nous aussi. Et puis on parle de films, de livres et aussi de politique.
— Et des profs?
— Oh, non, pas trop. Mais on parle des cours et des examens.
— Et le soir, vous travaillez chez vous?
— Ou chez des copains, et même au café vous savez.
— Alors vous travaillez beaucoup! ... Et le sport? Vous avez le temps de faire du sport?

— Oui, moi je fais partie d'un club de foot. Alors je joue deux ou trois fois par semaine. J'aime bien, surtout quand il y a beaucoup de travail.
— Est-ce que vous faites partie de l'équipe de l'université?
— Non, c'est un club privé. Il n'y a pas d'équipe à l'université.
— Alors les étudiants ne font pas beaucoup de sport?
— Oh, si, mais c'est très libre. On s'organise, c'est pas organisé pour nous. Et on y va quand on veut.
— Et le sport de compétition alors?
— Oh pas à l'université. Le sport c'est pour être en forme, pas pour se fatiguer... Il y a assez de compétition avec les examens.

Numéro trois /

— Et les concerts? le théâtre?
— Euh ... oui, enfin non. Moi les concerts ... J'aime bien le jazz, mais y a pas beaucoup de bons concerts. J'ai des disques et des cassettes. Je préfère.
— Et les week-ends?
— Oh ben le samedi soir y a le cinéma.
— Dites-moi, j'ai l'impression qu'on va beaucoup au cinéma en France.
— Oh oui, moi j'aime le cinéma. Surtout les vieux films. Je vais dans un ciné-club derrière la Fac. Et le dimanche quand j'ai le temps je vais au ski.
— Avec qui?
— Avec la famille parce que j'ai pas de voiture.
— Et pendant les vacances, vous travaillez?
— Ah non, jamais de la vie ... pas question!
— Alors, c'est le café, le foot?
— (rire) Ah! ... Ben je vais deux ou trois semaines en vacances avec la famille et je voyage. Cette année je vais au Maroc, avec un groupe d'archéologie.
— Et c'est pas du travail?
— Oui, enfin, c'est du travail de vacances, quoi!

B. Des détails. Listen to the interview again segment by segment and fill in the information in the grid. (You may use either French or English in your answers.)

C. La vie étudiante. Write three sentences to describe French students' life according to what you have just learned about it.

Leçon 9

Vocabulaire

une banane /
le beurre /
la bière /
un bifteck /
le café /
une carotte /
le chocolat /
la cuisine /
le déjeuner /
le dessert /
le dîner/
l'eau /
une fraise /
des frites /
le fromage /
un fruit /
un gâteau au chocolat /
la glace au chocolat, à la vanille, à la fraise /
des haricots verts /
une idée /
le jambon /
le jus de fruits /
le lait /
un légume /
un oeuf /
une orange /
le pain /
une pêche /
le petit déjeuner /
des petits pois /
le poisson /
le poivre /
une pomme /
une pomme de terre /
un poulet /
un réfrigérateur /
un repas /
le riz /
la salade /
un sandwich au jambon, au fromage /
le sel /

le sucre /
une tarte aux pommes /
le thé /
une tomate /
la viande /
le vin /
le yaourt /
bon, bonne /
mauvais, mauvaise /
acheter /
boire /
prendre /
avant /
avoir faim /
avoir soif /
entre /
prendre un petit quelque chose /
quelque chose /
quelqu'un /
l'apéritif /
des asperges /
une boisson /
un bonbon /
le café au lait /
le champagne /
un champignon /
la charcuterie /
un citron /
le coca-cola /
la confiture /
un congélateur /
des conserves /
un croissant /
des crudités /
l'eau minérale /
l'entrée /
des épinards /
le goûter /
un hamburger /
une laitue /
un melon /

la nourriture /
un oignon /
une omelette au fromage /
le plat principal /
un pamplemousse /
le pâté /
des pâtes /
une pizza /
une poire /
le porc /
une prune /
un raisin /
des restes /
un rôti /
le saucisson /
une soirée /
la soupe aux tomates /

inviter /
chinois, chinoise /
délicieux, délicieuse /
excellent, excellente /
italien, italienne /
japonais, japonaise /
surgelé, surgelée /
végétarien, végétarienne /
à table! /
prendre un verre /
l'apéro /
les chips /
le coca /
un cracker /
une patate /
prendre un pot

Les sons du français

A. Le h aspiré. Most French words beginning with an h- act as though they begin with a vowel and allow *élision* (*l'hôtel*) and *liaison* (*les hôtels*). Words beginning with an **aspirate h**, however, block both *élision* and *liaison*. Listen and repeat after the speaker.

Commencez.
1. les histoires /
   les haricots verts /
2. l'hôtel /
   le hockey /
3. en hiver /
   en haut

B. Les consonnes /p/, /t/ et /k/. Compare your pronunciation in English of the pairs pit/sip, tab/bat, and kite/tick. If you hold your hand in front of your mouth, you will notice a small puff of air after /p, t, k/ when they begin a word but not when they end one. The French sounds /p, t, k/ are never produced with a puff of air even when they begin a word. Listen and repeat after the speakers.

Commencez.
speaker 1:	—Paul, où est Papa? /
speaker 2:	—Il téléphone à Thomas! /
speaker 1:	—À qui? À Catherine? /
speaker 2:	—Non, pas à Catherine! À Thomas!

C. Une comptine. Listen once. Then rewind and try to say the rhyme along with the tape. (*Pomme de reinette* and *pomme d'api* are varieties of apples.)

Commencez.

Pomme de reinette et pomme d'api
Petit tapis rouge
Pomme de reinette et pomme d'api
Petit tapis gris.

Les sons et les mots

A. C'est mangeable? Are these things edible or not? Circle your answers.

Commencez.
1. des carottes /
2. des stylos /
3. une fraise /
4. un crayon /
5. un lit /
6. du fromage /
7. une étagère /
8. un gâteau /
9. des frites

B. Ça se mange ou ça se boit? Do you eat or drink these items? Circle your answers.

Commencez.
1. le jus de fruit /
2. le café /
3. le poisson /
4. le thé /
5. le lait /
6. le pain /
7. la salade /
8. la bière /
9. les pommes

C. Les couleurs et les boissons. What beverages do you associate with each color? Compare your answers to those suggested on the tape.

Commencez.
1. blanc /
   le lait /
2. brun /
   le thé ou le café au lait /
3. noir /
   le café /
4. rouge /
   le vin

D. Fruits, légumes ou viande? Circle the category of each food item.

Commencez.
1. la salade /
2. le poulet /
3. le jambon /
4. les fraises /
5. les pommes de terre /
6. les haricots verts /
7. les pêches /
8. les épinards

E. La carte. Say where on a menu you find each item (*les boissons, les légumes, les viandes, les desserts*). Compare your answers with the tape.

Commencez.
1. le thé /
   les boissons /
2. le poulet /
   les viandes /
3. le fromage /
   les viandes /
4. la glace /
   les desserts /
5. les pommes de terre /
   les légumes /
6. l'eau minérale /
   les boissons /
7. les fraises /
   les desserts /

8. les frites /
   les légumes /
9. un gâteau /
   les desserts

Les mots et les phrases

A. Qui donc? Circle the pronoun representing the person whose habits are being described. The first one is done for you.

Commencez.
1. Mon père ne boit pas aux repas. /
2. Ma mère prend de l'eau minérale. /
3. Pierre et moi prenons du thé. /
4. Vos parents boivent du vin? /
5. Vous prenez du lait? /
6. Suzanne et Christine prennent toujours des croissants. /
7. Non, j'prends pas de sucre. /
8. Qu'est-ce que tu prends aujourd'hui?

B. Quantités. Can you count each of the following or not? Circle your answers.

Commencez.
1. du beurre /
2. des haricots verts /
3. des pommes de terre /
4. de la viande /
5. du fromage /
6. des fraises /
7. du café /
8. de la bière /
9. du vin

C. Qu'est-ce qu'on boit? What do you think these people might drink with their meals? Give your answer, then compare it with the one on the tape. Do you agree or not?

Modèle: ta petite soeur
            Elle boit du lait (de l'eau minérale, etc.)

Commencez.
1. les copains /
   Ils boivent de la bière. /

2. le professeur /
   Il boit du vin. /
3. moi /
   Tu bois de l'eau minérale. Vous buvez de l'eau minérale. /
4. les parents /
   Ils boivent du thé.
5. toi /
   Je bois du lait. /
6. nous /
   Nous ne buvons rien.

D. Qu'est-ce qu'on prend? Now, what do these people have for breakfast? Compare your answer to the one on the tape.

Modèle: ta petite soeur
               Elle prend du pain (des croissants, etc.)

Commencez.
1. les copains /
   Ils prennent du pain et du beurre. /
2. le professeur /
   Il prend de la pizza. /
3. moi /
   Tu prends des croissants. Vous prenez des croissants. /
4. les parents /
   Ils prennent du café au lait. /
5. toi /
   Je prends des oeufs. /
6. nous /
   Nous ne prenons rien.

E. Qu'est-ce qu'on mange? Say two things that you eat at each meal. Then compare your answers to those given by the tape. Do you agree or not?

1. au petit déjeuner //
   du pain et du beurre /
2. au déjeuner //
   du poulet et des frites /
3. au goûter //
   du pain et du chocolat /
4. au dîner //
   de la soupe et une salade

F. Pas pour moi, merci. Are these people accepting or refusing what is being offered? Circle your answers.

Commencez.
1. —Encore quelque chose?
   —Ah, plus rien, s'il vous plaît, je n'ai plus faim. /
2. —Et pour vous aussi?
   —Ah, pour moi, pas de vin. /
3. —Et maintenant? un dessert?
   —Eh bien des pêches, c'est ça! /
4. —C'est pas mauvais n'est-ce pas? Je vous en donne encore.
   —Oui, c'est bon, mais plus de pommes de terre, merci. /
5. —Et un peu de viande? Vous n'êtes pas végétarien?
   —Un tout petit peu, si vous voulez bien, c'est délicieux.

G. On n'a plus faim! If you eat dinner in a French home, your hosts will certainly offer you seconds. Practice saying no politely.

Modèle: Encore du pain?
              Plus de pain, merci.

Commencez.
1. Encore du poulet? /
   Plus de poulet, merci. /
2. Encore de la glace? /
   Plus de glace, merci. /
3. Encore du vin? /
   Plus de vin, merci. /
4. Encore de l'eau? /
   Plus d'eau, merci. /
5. Encore de la viande? /
   Plus de viande, merci. /
6. Encore du café? /
   Plus de café, merci.

H. On accepte. Candide loves to eat and drink. Play his role.

Modèle: De la glace?
              Oui, donnez-moi de la glace. J'adore la glace!

Commencez.
1. du yaourt? /
   Oui, donnez-moi du yaourt. J'adore le yaourt! /

2. de la bière? /
    Oui, donnez-moi de la bière. J'adore la bière! /
3. des épinards? /
    Oui, donnez-moi des épinards. J'adore les épinards! /
4. du café? /
    Oui, donnez-moi du café. J'adore le café. /
5. de l'eau? /
    Oui, donnez-moi de l'eau. J'adore l'eau. /
6. du coca-cola? /
    Oui, donnez-moi du coca-cola. J'adore le coca-cola! /

I.   On refuse. Alceste hates to eat and drink. Play his role.

Modèle: De la glace?
             Non, pas de glace. Je déteste la glace!

Commencez.
1. du yaourt? /
    Non, pas de yaourt. Je déteste le yaourt! /
2. de la bière? /
    Non, pas de bière. Je déteste la bière! /
3. des épinards? /
    Non, pas d'épinards. Je déteste les épinards! /
4. du café? /
    Non, pas de café. Je déteste le café. /
5. de l'eau? /
    Non, pas d'eau. Je déteste l'eau. /
6. du coca-cola? /
    Non, pas de coca-cola. Je déteste le coca-cola! /

À l'écoute de ...

A. Au restaurant.

1. It is dinner time in a restaurant in France. Look at the menu below and select what you are going to order by putting a cross in front of each item.

2. Now, listen to this conversation between the waiter and two customers. Circle each item that they order.

Commencez.

Garçon:	Alors c'est pour deux personnes?
Client 1:	Oui, c'est ça. *(à l'autre)* Ici? Ça vous va?
Client 2:	Très bien, parfait.
Garçon:	Un apéritif?
Client 1:	Oui, donnez-moi un martini. Et vous? Qu'est-ce que vous prenez?
Client 2:	Pas d'alcool. Je vais prendre un jus de tomates.
Garçon:	Alors deux apéritifs, un martini et un jus de tomates. Je vais chercher ça et je reviens prendre vos commandes.
Client 1:	Je recommande le canard au porto. Ici il est fameux.
Client 2:	Et comme entrée?
Client 1:	Les choses aux poissons sont des spécialités ici, alors ... ben, le gâteau au saumon, ou... la tarte aux fruits de mer... C'est très bon ça. Mais ça dépend si vous aimez le chaud ou le froid pour les entrées.
Garçon:	Vous avez choisi ?
Client 1:	Pour moi, le gâteau de saumon. C'est froid n'est-ce pas?
Garçon:	Oui Monsieur, avec une sauce tomate glacée.
Client 1:	Parfait. Après je vais prendre le rôti de veau marengo.
Client 2:	Pour moi la tarte aux fruits de mer.
Garçon:	Ah, désolé, Madame, nous n'avons plus de tartes aux fruits de mer ce soir. Elles sont finies.
Client 2:	Bon! Eh bien pour moi aussi, alors, le gâteau de saumon.
Garçon:	Et avec ça?
Client 2:	Vous avez encore du canard au porto?
Garçon:	Oui oui Madame. Bien sûr.
Client 2:	Alors un canard au porto. Vous le recommandez n'est-ce pas?
Client 1:	Oui, oui, à tous les coups.
Garçon:	Il est très bon, c'est une spécialité de la maison. Et comme vin?
Client 2:	Pas de vin pour moi, je suis au régime, donnez-moi un peu d'eau minérale.
Client 1:	Bon, alors pour moi une demi-carafe de vin blanc. Pour commencer ça va aller.
Garçon:	D'accord.
Client 1:	Ça a été très bon.
Client 2:	Oui, délicieux.
Garçon:	Vous allez prendre un dessert, ce soir?
Client 1:	Moi, j'adore le soufflé à la banane, je ne sais pas pourquoi... mais pas en cette saison... Il fait trop chaud. Peut-être le Bavarois au rhum. Oui, donnez-moi un Bavarois au rhum.
Garçon :	Et pour vous, Madame?
Client 2:	J'ai plus très faim...
Client 1:	Je vous recommande la tarte aux poires et aussi la charlotte aux fraises... C'est un délice...
Client 2:	Non, c'est un peu lourd tout ça. Je vais prendre le sorbet à la pomme verte. Ça m'a l'air délicieux et très frais.
Garçon:	Alors, un bavarois au rhum et un sorbet à la pomme verte.

Client 1:	Vous prendrez un café?
Client 2:	Non merci, ça va comme ça.
Client 1:	Moi oui, un petit café noir.
Garçon:	Et un café noir pour Monsieur! Très bien!

3. Listen again. Now, write down the order on this page of the waiter's notepad. Use the menu to help you identify the orders.

B . Tu fais les courses? These two students are going shopping for food. Before you start, think of a few things that French people might take on a picnic (don't forget something to drink).

Now listen to their conversation as they decide on their menu. Write down their shopping list.

Commencez.
— Tu sors ce matin?
— Oui, mais j' sais pas quand ....
— Ça, ça fait rien, mais y a les courses à faire.
— Oh oui, d'accord, après le tennis, je passe au supermarché.
— Bon, alors tu achètes du jambon et du fromage.
— Combien?
— Oh, alors on va être 6, ... 3 couples, bon, eh bien euh ... assez pour faire 2 sandwiches par personne, 125 grammes de jambon et un paquet de fromage.
— Je prends un peu de moutarde?
— Si tu veux, mais prends surtout des tomates et de la salade. C'est bon avec les sandwiches.
— Bon, et encore?
— Prends du pâté, c'est plus intéressant que le jambon.
— Alors avec une baguette de pain, hein?
— Oui, bonne idée. Et prends aussi des amandes salées pour l'apéritif, c'est bon avec l'apéritif.
— Ah, et du vin ... Qu'est-ce que je prends comme vin?
— Oh, du vin rouge, ça va avec tout.
— Je prends de la bière aussi?
— Oh non, c'est pas bon.
— Mais si, les garçons aiment beaucoup ça, surtout pour un picnic au parc.
— Oh, non, ça va pas du tout avec un concert au parc... Pour le dessert, prends des fruits et un gâteau de Savoie.
— Tu sais ce qui est bon? des fraises avec du champagne.
— Tu veux acheter du champagne?
— Pourquoi pas, j'achète du champagne et pas de vin blanc, et on va boire le champagne avec les fraises au dessert.
— Si tu veux. Tu crois qu'il y a assez à manger comme ça?
— Oh oui! Ah, mais peut-être pas pour les garçons.... Prends un peu de salade de pommes de terre pour manger avec les sandwiches et le pâté.
— D'accord. À plus tard, salut.
— Salut!

Leçon 10

Vocabulaire

un arbre /
l'argent /
une baignoire /
un balcon /
un canapé /
une cave /
une douche /
un escalier /
un étage /
un fauteuil /
un franc /
un immeuble /
un jardin /
une lampe /
un mur /
une pièce /
un réfrigérateur /
le rez-de-chaussée /
une salle à manger /
une salle de bains /
une terrasse /
les W.-C. /
cher, chère /
clair, claire /
confortable /
dernier, dernière /
pratique /
sombre /
attendre /
coûter /
descendre /
entendre /
monter /
perdre /
répondre /
vendre /
à l'extérieur de /
à l'intérieur de /
assez /
en bas /

en désordre /
en haut /
en ordre /
hier /
quelquefois /
si /
une adresse /
un ascenseur /
une avenue /
un centime /
un coin /
un coin-repos /
un couloir /
une entrée /
un garage /
un grenier /
un meuble /
une pelouse /
le sous-sol /
un toit /
une rue /
des volets /
à l'aise /
ancien, ancienne /
belge /
ensoleillé /
moderne /
à votre avis /
au rez-de-chaussée /
au premier étage /
aux Etats-Unis /
combien coûte? /
coûter cher /
ça coûte cher /
le dernier étage /
donner sur /
en Belgique /
en France /
monter/descendre en ascenseur /
monter/descendre par l'escalier /

où sont les toilettes? /
une brique /
coûter un os /
du fric /
du pognon /

un living, un living-room /
relax, relaxe /
un séjour /
des sous

Les sons du français

A. Les syllabes. A spoken syllable that ends with a vowel sound is called an open syllable (**English** *through*; **French** *vous* — note that the final consonants in both languages are not sounded). A spoken syllable that ends with a consonant sound is a closed syllable (**English** *bite*; **French** *musique* — note that even though the words end with a mute e, the last sound heard is that of a consonant). Listen to the following words and try to determine whether or not they end with a vowel or a consonant sound.

Commencez.
1. a-ni-mal
2. la-bo-ra-toire
3. gui-tare
4. fa-ti-gué
5. co-mmen-cer
6. ra-dio
7. ci-né-ma
8. ma-de-moi-selle

B. Les groupes rythmiques. In spoken French, utterances are divided into *groupes rythmiques* (units of basic meaning). The last syllable of each *groupe rythmique* is stressed. Listen and repeat after the speaker.

Commencez.
1. Patrick aime Annie. /
2. Patrick aime Annie, et Jean aussi. /
3. Patrick aime Annie, et Jean aussi, mais Annie aime Paul. /
4. Je vais en ville. /
5. Je vais en ville cet après-midi. /
6. Je vais en ville cet après-midi pour faire les courses. /
7. Je vais en ville cet après-midi pour faire les courses et je passe à la poste.

C. Une comptine. Listen once. Then rewind and try to say the rhyme along with the tape. (Here, a little mouse who is in the chapel making lace for the ladies of Paris has told a woman what time it is.)

Commencez.

Bonjour, madame,
Quelle heure est-il?
Il est midi.
Qui est-ce qui l'a dit?
La petite souris.
Où donc est-elle?
Dans la chapelle.
Qu'est-ce qu'elle y fait?
De la dentelle.
Pour qui?
Pour les dames de Paris!

Les sons et les mots

A. Qu'est-ce que c'est? Are these house words or food words? Circle your answers.

Commencez.
1.   salle à manger /
2.   escalier /
3.   pomme /
4.   tomate /
5.   baignoire /
6.   rez-de-chaussée /
7.   viande /
8.   douche /
9.   pièce /
10.   toit

B. Et vous? Say which places or actions these words evoke for you. Then listen to the reactions on the tape. Are they the same as or different from yours?

Commencez.
1. manger /
   salle à manger /
2. une douche /
   la salle de bains /
3. la télévision /
   regarder /

4. en haut /
   deuxième étage /
5. une chambre /
   dormir /
6. un fauteuil /
   la salle de séjour /
7. une fenêtre /
   regarder /
8. un arbre /
   vert /
9. en bas /
   le rez-de-chaussée

C. Où trouver? Candide has been redecorating! Alceste is going around the house checking on where things are now. Play his role, following the model. Say *Ça va* if things are normal, *Ça ne va pas,* if they aren't. Do your answers agree with the ones on the tape?

Model: Des plantes dans le piano ....
             Ça ne va pas!

Commencez.
1. Une baignoire dans l'escalier ... /
   Ça ne va pas! /
2. Des livres sur l'étagère ... /
   Ça va. /
3. Un placard dans la chambre ... /
   Ça va. /
4. Une télévision dans la salle de bains ... /
   Ça ne va pas! /
5. Un piano dans la cuisine ... /
   Ça ne va pas! /
6. Un lit dans la salle de séjour ... /
   Ça ne va pas du tout!

D. Comment! Alceste is continuing his tour of the house. Look at the pictures below and play the role of Alceste.

Modèle: Où est le chat?
             Il est sous le lit!

Commencez.
1. Où est l'étagère? /
   Elle est dans le jardin! /

2. Où sont les chaises? /
   Elles sont sur la table! /
3. Où sont les W.-C.? /
   Ils sont dans la cave! /
4. Où est le canapé? /
   Il est sur le balcon! /
5. Où est le lit? /
   Il est dans la salle de séjour! /
6. Où est le chien? /
   Il est sous le lit avec le chat!

E. C'est quel train? Listen and circle the trains you hear mentioned. One train will not be mentioned. Which one is it?

You hear:	Le troisième train
You circle:	7.40 (because 7.40 is the third train on the schedule)
You hear:	7 heures 40

Commencez.
1. C'est le troisième train. /
2. C'est le premier train. /
3. C'est le septième train. /
4. C'est le cinquième train. /
5. C'est le sixième train. /
6. C'est le deuxième train. /
7. C'est le dernier train.

F. Où se trouve ... ? Use the table of contents to say where the following information can be found.

Modèle:	La population
	le cinquième chapitre

Commencez.
1. La végétation /
   le troisième chapitre /
2. Le climat /
   le deuxième chapitre /
3. Les rivières /
   le quatrième chapitre /
4. Les villes /
   le sixième chapitre /

5. L'agriculture /
   le huitième chapitre /
6. La France et le Tiers Monde /
   le seizième chapitre

G. Réparations. Your car needs repairs and you're calling for estimates. Circle the figure given by each garage. Where are you going to take your car?

Commencez.
1. 190 F /
2. 760 F /
3. 8.200 F /
4. 50.105 F /
5. 250.000 F /
6. 100.000 F

H. Vous savez combien? Madame Lenoir is asking you for a variety of information. Listen to the questions and answer using the information given. Then, listen to the tape to see if you said it correctly.

You hear: Un billet pour New York?
You say: Neuf cent quatre vingt francs
You hear: Neuf cent quatre vingt francs, Madame.

Commencez.
1. Une Peugeot? /
   256.000 F, Madame. /
2. Une maison de campagne? /
   300.000 F, Madame. /
3. La date de la Révolution Française? /
   1789, Madame. /
4. La population française? /
   56 millions, Madame. /
5. Les morts annuels? /
   800.000, Madame. /
6. La population de Strasbourg? /
   350.000, Madame. /
7. La consommation annuelle de pain par personne? /
   115 kg., Madame. /
8. La production de tabac en France? /
   49.000 tonnes, Madame.

Les mots et les phrases

A . Qui donc? Circle the pronoun that represents the person doing the action (the subject) in each sentence.

Commencez.
1. Le matin nous descendons à la cuisine pour prendre le petit déjeuner avec les parents, mais à midi nous restons à la Fac pour déjeuner. /
2. Hé bien voilà, j'ai vendu ma machine à écrire, et maintenant j'ai un ordinateur. /
3. Toujours mes parents mangent à 7 heures précises. Ils n'aiment pas attendre. /
4. Est-ce qu'il est vrai que les professeurs perdent souvent leurs clés? /
5. Où est votre professeur? Elle attend dans son bureau ou elle est déjà en classe? /
6. Pourquoi est-ce que tu as vendu ton beau vélo à ton camarade de chambre?

B . Les actions et les lieux. What do you do in each place? Compare your answers with those on the tape.

Modèle: dans la salle de classe
             J'attends le professeur.

Commencez.
1. dans la salle de classe /
   J'attends le professeur et je parle français. /
2. dans la bibliothèque /
   J'étudie et je ne parle pas. /
3. dans l'escalier /
   Nous montons dans les chambres ou nous descendons au rez de chaussée./
4. dans le bureau du professeur /
   J'attends et je réponds aux questions. /
5. sur la terrasse /
   Nous prenons l'apéritif et nous regardons le jardin, les fleurs, les oiseaux et les arbres. /
6. sur le balcon /
   Nous regardons les voitures dans la rue et nous regardons le ciel. /
7. dans la salle à manger /
   Nous prenons le dîner et nous mangeons le dessert. /
8. dans la cuisine /
   Nous faisons la cuisine avant les repas et nous faisons la vaisselle après les repas.

C . Passé ou présent? Are the actions happening now or have they already happened? Circle your answers.

Commencez.
1. Marie a travaillé pour moi. /
2. Est-ce que tu as mangé? /

3. Nous faisons nos devoirs. /
4. Ma mère n'a pas encore fait le ménage. /
5. Ma camarade de chambre a parlé au professeur. /
6. Est-ce que vous regardez la télévision? /
7. Ils aiment beaucoup les pommes et les pêches. /
8. Vous n'avez pas étudié cette leçon? /
9. Je vais à la bibliothèque.

D. Mais quand au juste? Listen to each dialogue. Are people talking about present, past, or future actions? Circle your answers.

Commencez.
1. — Vite, vite, les enfants, j'ai fait le petit déjeuner et j'ai déjà mangé.
   — Attends, on n'a pas encore fait les lits. /
2. — Mais enfin ! Comment vous avez fait ça ?
   — Eh bien écoutez, nous avons pris la plante de la salle de séjour pour le bureau de mon père et nous avons acheté un petit arbre pour la salle de séjour. C'est simple. /
3. — On va faire une promenade dans la campagne?
   — Pas aujourd'hui, mais demain si vous voulez, je vais prendre la voiture de mon père et on va aller à la plage. /
4. — Ah, vous avez mangé au restaurant... Qu'est-ce que vous avez pris?
   — Comme toujours, une bonne tranche de rôti de veau à la crème et des épinards et j'ai bu un bon beaujolais. /
5 — Et pour les vacances? Qu'est-ce que vous allez faire?
   — Oh, peut-être aller en Espagne. Je veux apprendre l'espagnol, mais je vais travailler d'abord pour gagner un peu d'argent. /
6. — Où sont vos parents? Ils ne sont pas ici?
   — Si, si, ils sont sur la terrasse, ils prennent le café et ils parlent avec des amis.

E. L'été dernier. Say whether or not you did these things last summer. Then, listen to the tape to find out what the speaker did last summer.

Modèle:	faire le ménage
	Oui, j'ai fait le ménage.
	ou
	Non, je n'ai pas fait le ménage.

Commencez.
1. faire la cuisine /
   Oui, j'ai fait la cuisine. J'adore manger. /
2. jouer au tennis /
   Oui, bien sûr, j'ai joué au tennis avec ma belle raquette! /

3. parler français /
   Oui j'ai parlé français et j'ai aussi parlé anglais et espagnol et allemand! J'ai beaucoup voyagé. /
4. faire de la natation /
   Oui, j'ai fait de la natation, tous les jours. /
5. étudier les maths /
   Non, je n'ai pas étudié les maths, je ne suis pas folle! /
6. téléphoner à mes amis /
   Si j'ai téléphoné à mes amis? Mais évidemment, c'est mon occupation favorite! /
7. manger au restaurant /
   Mais oui, j'ai mangé au restaurant avec mes parents. Ils ont plus d'argent que moi. /
8. regarder la télévision /
   Oui, j'ai regardé la télévision le soir avant de dormir. /
9. perdre les clés /
   Non, je n'ai pas perdu mes clés mais j'ai perdu ma voiture dans un parking!

F. D'accord, pas d'accord. Are these people agreeing *(d'accord)* or disagreeing *(pas d'accord)* ? Circle your answers.

Commencez.
1. — Oh, tu n'as rien mangé aujourd'hui!
   — Mais si, j'ai pris un gros sandwich à midi et une omelette pour dîner. /
2. — Vous n'avez pas de W.-C. dans votre maison!
   — Si, si, dans la salle de bains, au premier étage. /
3. — Vous voulez encore des carottes avec la viande?
   — Oui je veux bien, c'est vraiment délicieux. /
4. — Vous faites beaucoup de ski en France?
   — Oui, généralement aux vacances de février et aux vacances de Pâques. /
5. — Vous ne voyagez pas en été?
   — Si, mais les trois dernières semaines d'août, avant ça je travaille. /
6. — Ton frère n'est pas ici, il est en ville?
   — Si, si, il dort sur le canapé de la salle de séjour.

G. Les universités. Here are some statements about colleges and universities in North America. Do you agree or disagree? Give your opinion. Then listen to the tape to see what other people say.

You hear: Les étudiants ne travaillent pas beaucoup à l'université.
You say: Si, ils travaillent beaucoup.
You hear: Mais si, ils travaillent beaucoup!

Commencez.
1. Les étudiants vont en Floride pour les vacances de printemps. /
   Oui, quand ils ont assez d'argent. /

2. Les études coûtent beaucoup d'argent dans les universités. /
   Oui, c'est bien vrai. /
3. Les étudiants n'habitent pas dans des résidences universitaires. /
   Si, en général, c'est obligatoire la première année. /
4. Les chambres dans les résidences n'ont pas de lavabos. /
   Si, quelquefois. /
5. Les résidences ont toujours des petites cuisines pour les étudiants qui veulent faire la cuisine. /
   Oui, c'est vrai et c'est très pratique! /
6. Tous les étudiants de première année ont une chambre individuelle dans les résidences. /
   Non, hélas, ce n'est pas vrai. /
7. Ce n'est pas difficile d'aller à l'université en Amérique. /
   Si c'est très difficile.

À l'écoute de ...

A. Un appartement moderne. Look at the apartment plan below. How would you use the space? How would you name the rooms?

B. Installation. A young couple is deciding where to put their furniture in this new apartment. As you listen to their conversation, label the rooms according to what they say as they walk around the empty apartment.

Commencez.

Dialogue 1.
Elle: C'est l'entrée, là, sur le mur E?
Lui: Oui, là, à gauche. On entre directement dans cette grande pièce.
Elle: Mais c'est très bien, alors là, la grande pièce, c'est parfait pour la salle de séjour. Regarde, une grande fenêtre et tout un mur de fenêtres, là sur le mur D. C'est formidable, ça va être clair et gai.
Lui: Formidable pour des plantes ces grandes fenêtres.
Elle: Et là au fond est-ce qu'on a assez de place pour un coin salle à manger?
Lui: Oui, y a 2m50 sur 2, ça va.
Elle: Evidemment, la cuisine n'est pas bien grande.
Lui: Oui, c'est vrai, une cuisine où on ne peut pas être deux.
Elle: Dis, donc! un jour, toi, un jour moi dans la cuisine... pas toujours moi... Les femmes à la cuisine c'est fini... ça.
Lui: Bon bon, allez, parlons de la chambre.
Elle: Elle est bien la chambre, 3 mètres sur 4, c'est pas mal.
Lui: Mais y a qu'une fenêtre.
Elle: Non, c'est bien pour dormir. J'aime pas les chambres trop claires. Et ça, qu'est-ce que c'est?

Lui:	Deux grands placards, un pour toi et un pour moi.
Elle:	Quel placard tu veux?
Lui:	Celui qui est près de la porte, il est plus près de la salle de bains, c'est plus pratique pour moi, mais si tu préfères celui-ci, on change, moi....
Elle:	Non, ça va très bien..

C. Les meubles. As they tour the apartment they make furniture decisions. What pieces of furniture would be required to make it comfortable? Make a list of 6 items in French.

Now listen to the next dialogue and make a list of the furniture they plan to buy as they exchange ideas.

Dialogue 2

Elle:	Ah, les meubles. On va acheter une ou deux choses, hein?
Lui:	Attends... on installe d'abord ce qu'on a ... Comment on place le canapé?
Elle:	Devant les grandes portes-fenêtres du mur D. Avec beaucoup de plantes vertes, assez grandes entre le canapé et les portes-fenêtres.
Lui:	Un tapis?
Elle:	Bien sûr, devant le canapé, avec la table basse sur le tapis et des beaux livres sur la table basse...
Lui:	Oh, non, ça fait prétentieux...
Elle:	Bon, alors des journaux de sport. Là, tu es content?
Lui:	Oui, oui...
Elle:	Tu sais, on a pas vraiment une table pour la salle à manger...
Lui:	Oui, ça, on achète. Si on veut inviter à dîner, on a besoin d'une table...
Elle:	Tiens je vais aussi mettre une grosse plante verte là, dans le coin de la salle à manger, entre les murs A et J.
Lui:	Toi et tes plantes....
Elle:	Mais c'est très important les plantes.
Lui:	Et les chaises? Elles sont un peu vieilles, non?
Elle:	Oh, oui, achetons quatre jolies chaises pour la salle à manger.
Lui:	Quatre chaises et toutes ces plantes? Dis donc, c'est beaucoup d'argent ça ...
Elle:	Non, les chaises quand même c'est très important. Pas de chaises, pas d'invitation ...
Lui:	Les chaises c'est important, les plantes c'est important ... Le tapis c'est important. Qu'est-ce qui n'est pas important? ...
Elle:	Bon, eh bien pas de tapis. Pour le tapis on va attendre.
Lui:	Oui c'est plus raisonnable.

Leçon 11

Vocabulaire

les affaires /
un chapeau /
une chaussette /
une chaussure /
une chemise /
un chemisier /
un complet /
une cravate /
un gant /
un imperméable /
un jean /
une jupe /
des lunettes /
un maillot de bain /
un manteau /
une montre /
un pantalon /
un parapluie /
un pull /
une robe /
un short /
un tailleur /
une valise /
une veste /
des vêtements /
un voyage /
choisir de /
entrer /
finir /
grossir /
maigrir /
mettre /
porter /
réfléchir à /
rentrer /
clair, claire /
foncé, foncee /
habillé, habillée /
long, longue /

nouveau, nouvel, nouvelle, nouveaux,
    nouvelles /
beige /
gris, grise /
rose /
violet, violette /
avoir besoin de /
avoir l'air de /
avoir le temps /
déjà /
ensemble /
pas encore /
une fois /
un anorak /
des baskets /
un bijou, des bijoux /
des lunettes de soleil /
un polo /
un pyjama /
une sandale /
un survêtement /
un tee-shirt /
bien habillé, bien habillée /
court, courte /
démodé, démodée /
mal habillé, mal habillée /
combien de fois /
en solde /
un costard /
être bien (mal) fringué /
être bien sapé /
les fringues /
une godasse /
un imper /
le look /
un survêt /
un sweat /
un training

Les sons du français

A. Les voyelles nasales. Nasal vowels are pronounced by diverting air through the nasal cavities. English has nasal vowels but since they don't signal a difference in meaning, you are probably unaware of their existence. Pinch your nose shut and alternately pronounce *cat* and *can*. Can you feel the blocked nasal vibrations of *can*? Now, listen and repeat after the speaker these familiar French expressions containing a nasal vowel.

Commencez.
1. en hiver /
2. très bien /
3. dans le bureau /
4. jeudi, vendredi /
5. je comprends /
6. trois poissons

B. Les voyelles nasales du français. French has four nasal vowels. Listen and repeat.

Commencez.
1. La voyelle /ɑ̃/ /
   vendredi /
   janvier /
   septembre /
   temps /
   banque
2. La voyelle /ɛ̃/ /
   examen /
   pain /
   matin /
   sympathique /
   faim /
   vingt /
3. La voyelle /ɔ̃/ /
   maison /
   poisson /
   montagne /
4. La voyelle /œ̃/ /
   un /
   lundi /
   brun

C. Voyelle orale ou voyelle nasale? As you listen to each word, decide if the underlined vowel is an oral or a nasal vowel and check the appropriate column.

Commencez.
1. d<u>a</u>ns /
2. h<u>o</u>mme /
3. b<u>o</u>n /
4. b<u>o</u>nne /
5. <u>a</u>ns /
6. sem<u>ai</u>ne /
7. <u>a</u>nnée /
8. qu<u>a</u>nd

D. Une comptine. Listen once. Then rewind and try to say the rhyme along with the tape. (Here, someone wishes that some boys who are stealing their apples will go to prison.)

Commencez.

ZON ZON ZON ZON ZON
Allez en prison
En prison petits bonshommes
Qui volaient toutes mes pommes!
ZON ZON ZON ZON ZON
Allez en prison!

Les sons et les mots

A. Quels vêtements? Are these people wearing the items you hear on the tape? Circle *oui* or *non*.

Commencez.

L'homme /
1. un complet /
2. une chemise /
3. une cravate /
4. un pull /
5. un manteau /
6. un chapeau /
7. des gants /
8. un short

La femme /
1. une jupe /
2. une montre /
3. une robe /
4. un short /
5. un pull /
6. des lunettes de soleil /
7. un pantalon /
8. des chaussettes

L'enfant /
1. un jean /
2. un maillot de bains /
3. un chapeau /
4. un imperméable /
5. un blouson /
6. des baskets /
7. une cravate

B. **Et vous?** What will you wear in each situation? Compare your answers with those on the tape. Do you agree or not?

Commencez.
1. Il pleut. /
   un imperméable, des bottes et un parapluie /
2. Il neige. /
   un anorak, des bottes et des gants /
3. Pour faire du tennis /
   un short, des tennis, un polo et des lunettes de soleil /
4. Pour aller à la plage /
   un maillot de bain, des sandales, un chapeau et des lunettes de soleil

C. **Ça va?** Is this clothing appropriate? Circle your answers.

Commencez.

Une interview en juin /
1. un tailleur simple /
2. un vieux jean /
3. un manteau long /
4. une robe à fleurs /
5. une cravate /
6. un short /

7. des baskets /

8. un pantalon avec des chaussettes blanches

Une partie de tennis /

1. un gros pull /

2. des chaussures de basket-ball /

3. des chaussettes noires /

4. un pyjama /

5. un short /

6. des sandales /

7. un polo blanc /

8. une cravate

Un dîner chez votre professeur /

1. un chapeau /

2. un petit short /

3. une jupe et un chemisier /

4. un blouson noir /

5. des gants /

6. un jean et un tee-shirt /

7. un survêtement /

8. un pantalon et une chemise

Les mots et les phrases

A. **Quel verbe?** It's Alceste and Candide again. Listen and circle the verbs you hear.

Commencez.

1. — Tu as bien dormi?

   — Non, pas du tout et je suis fatigué! /

2. — Moi je prends la tarte aux pommes.

   — Attention, tu grossis tu sais. Moi, je prends un fruit. /

3. — Excuse-moi, mais quand est-ce que tu vas finir?

   — Comment? J'ai déjà fini! /

4. — On sort ce soir?

   — Pas question. J'ai trop de travail. /

5. — Je ne peux pas choisir ... un éclair ou ...

   — Écoute ... choisis ... on est pressé! /

6. — Comment? Quoi? Excuse-moi ...

   — Tu dors toi ou tu m'écoutes?

B. **Écrivez!** Rewind the tape and listen to exercise A again. This time, write down the verb form you hear.

C. Avoir ou être? Circle the helping verb, *ont* or *sont*, used in each sentence.

Commencez.
1. Ils sont allés à la banque. /
2. Ils n'ont pas mangé et ils ont faim. /
3. Ils sont partis? Déjà? /
4. Ils sont entrés dans la salle de classe avec le professeur. /
5. Ils n'ont pas aimé le film. /
6. Qu'est-ce qu'ils ont mis?

D. Quand? For each exchange, decide if people are talking about the present, the past, or the future. Circle your answers.

Commencez.
1. — Qu'est-ce que tu vas faire ce soir après dîner?
   — Oh 'chais pas, peut-être aller à la bibliothèque pour étudier. /
2. — Ah, c'est bête, j'trouve pas mes lunettes de soleil.
   — Là, regarde, elles sont sur la table, à côté du sac de ma soeur. /
3. — Tu as l'air fatigué, qu'est-ce que tu as fait aujourd'hui?
   — J'ai travaillé toute la journée, de sept heures du matin à dix heures du soir, j'ai pas arrêté. Je suis mort. /
4. — Qu'est-ce que tu vas mettre pour aller à la réception des parents d'élèves?
   — Probablement ma jupe à fleurs et un chemisier blanc. Ça va? /
5. — Où est-ce que vous êtes allés pour les vacances de Noël?
   — D'abord chez mes grands-parents pour les fêtes et après on est allé au ski pour une semaine. /
6. — Tu sors? Dis, tu vas passer au supermarché?
   — Oui, mais pas avant sept heures, j'ai une leçon de violon de quatre à six et après ça je vais aller à la banque chercher de l'argent. /
7. — Tu es sortie avec qui?
   — Avec Raoul, on a mangé dans un restaurant fantastique. Et tu sais quoi? J'ai mangé des escargots pour la première fois. /
8. — Tiens, mais tu prends ton vélo? Où tu vas?
   — J'vais faire une petite promenade avant le dîner. Pas longue, d'accord?

E. Et après? Say what each person probably did. Then compare your answers to those on the tape.

Modèle: Après la classe de français, le professeur (aller/bureau) ...
                    il est allé au bureau.

Commencez.
1. Avant l'examen d'anglais, les étudiants (étudier/la bibliothèque) /
   ils ont étudié à la bibliothèque. /
2. Après l'examen, les étudiants (aller/chez Janine) /
   ils sont allés chez Janine. /
3. Avant le film, Vincent et Thérèse Dubois (manger/au restaurant) /
   ils ont mangé au restaurant. /
4. Après le film, Vincent et Thérèse (aller/boire un verre) /
   ils sont allés boire un verre. /
5. Avant de jouer au tennis, Chantal Dubois (téléphoner/Anne) /
   elle a téléphoné à Anne. /
6. Après le match de tennis, Chantal (regarder/un match de tennis à la télévision) /
   elle a regardé un match de tennis à la télévision.

F. Moi, j'ai ... Candide is talking about what he did yesterday. Say what he says, adding one or more details about his activities. Then compare your answers with those on the tape.

Modèle: aller au cinéma
               Je suis allé au cinéma avec mon amie hier soir.

1. manger au restaurant /
   J'ai mangé au restaurant, pas chez moi. /
2. mettre une cravate /
   J'ai mis une cravate pour aller au cinéma. /
3. faire une promenade /
   J'ai fait une promenade le matin avec le chien. /
4. sortir par la fenêtre /
   Je suis sorti par la fenêtre mais Alceste est sorti par la porte. /
5. parler /
   J'ai parlé avec Alceste. /
6. rester à la maison /
   Je ne suis pas resté à la maison! Je préfère sortir!

À l'écoute de ...

A. Retour à la Fac. Patrick and Daniel have just returned to school after Christmas break. What do you think they did while away? Make 4 suggestions.

Now listen as they talk about how they spent their vacations. Fill in the grid with as many details as you can (in English if you want). [Daniel begins the conversation]

DANIEL: Tiens, salut! Tu es rentré depuis quand?

PATRICK: Hier soir, et toi?

DANIEL: Moi aussi. Alors les Alpes, c'est comment?

PATRICK: Formidable!

DANIEL: Non, c'est bien?

PATRICK: Ah oui! Il a fait un temps magnifique, du soleil tous les jours. En janvier, hein, c'est pas mal!

DANIEL: Tu étais à l'hôtel ou dans un appartement?

PATRICK: A l'hôtel, mais raisonnable et on a bien mangé. La chambre, le petit déjeuner et le dîner, 420 F par jour.

DANIEL: Ben ou, 420 Francs par jour c'est bien! Mais après le ski, y a rien à faire le soir à la montagne?

PATRICK: Si, au contraire! Y a des boîtes de nuit. On est allé danser plusieurs fois.

DANIEL: Avec tes parents?

PATRICK: Non, tu y es pas ... Avec les filles qu'on rencontre dans les cafés. Et toi au fait! Où est-ce que tu es allé?

DANIEL: Marie et moi on est allés au Club Med.

PATRICK: Où ça?

DANIEL: Au Maroc.

PATRICK: Hé ben, dis donc! au Maroc! Et tu as aimé?

DANIEL: Oui, moi, tu vois, ce que j'aime c'est les pays exotiques ... les gens différents. Et le Maroc tu sais, c'est sensationnel. / Le ciel est bleu, un soleil magnifique, et il fait chaud le jour, frais la nuit. Il pleut jamais ...

PATRICK: Oui, ça c'est formidable! Où tu es allé? Partout?

DANIEL: À Marrakech et à Casablanca, et on a fait une grande promenade dans le désert. On a campé pendant trois jours.

PATRICK: Formidable! T'as rapporté beaucoup de choses?

DANIEL: Moi, non. Mais Marie, elle, oui! Elle est allée tous les jours au marché. Et elle a acheté un burnous. Tu sais ce que c'est?

PATRICK: Non, qu'est-ce que c'est?

DANIEL: C'est une longue robe en lainage blanc très léger. Tous les hommes portent ça là-bas. Elle a aussi acheté des sandales marocaines, trois ou quatre paires même ... et un tout petit tapis.

B. **Les achats.** Now listen again and write two things that Marie bought on her vacation.

C. **Un burnous.** According to what you heard, what is a "burnous"?

1. a tent   3. a long white garment

2. a light meal   4. a woman's dress

Select the right answer.

D. **Présentation de mode.** It's a fashion show! Listen to the commentary and identify the model being described.

Commencez.

Et pour célébrer la rentrée, notre mode collège. Voici Catherine, en sage collégienne. Elle porte une jupe plissée à bretelle sur un polo blanc de Benetton. La jupe 750 F et le polo 250 F. Pour les jours frais, un cardigan sombre assorti à la jupe en coton, aussi de Benetton, 370 F. Un petit béret traditionnel reprend les coloris de l'ensemble et donne un air de ville à cette tenue jeune et classique. Chaussettes et chaussures de chez Krammer et gants blancs impeccables dans le style marine nationale.

Pour les autres jours de la semaine, et toujours aussi classiques, des chemises Lacoste à manches longues, 250 F dans les grands magasins. Pour la nuit, une chemise d'homme dans les tons bleu, 242 F. Et pour les plages de l'Atlantique, un maillot deux pièces, traditionnel lui aussi, mode ancienne, avec le haut plus clair, 100 et 110 F chez Agnès.

E. **Combien coûte?** Rewind the tape and listen again. How much does each item of clothing cost?

Leçon 12

Vocabulaire

les affaires /
un avocat, une avocate /
une banque /
un bruit /
un bureau /
un cadre /
un client, une cliente /
un commerçant, une commerçante /
un dentiste, une dentiste /
une église /
un employé, une employée /
une entreprise /
une femme au foyer /
un hôpital /
un ingénieur /
un instituteur, une institutrice /
un juriste, une juriste /
un médecin /
un métier /
un patron, une patronne /
un policier /
un propriétaire, une propriétaire /
un secrétaire, une secrétaire /
un serveur, une serveuse /
le travail, un travail /
un vendeur, une vendeuse /
dur, dure /
intéressant, intéressante /
décider de /
devoir /
diriger /
expliquer /
gagner /
oublier de /
pouvoir /
retourner /
sonner /
utiliser /
aller chez le médecin, chez le dentiste, chez
    l'avocat /
alors /
d'abord /

donc /
enfin /
ensuite /
être bien payé, être mal payé /
il y a... /
puis, et puis /
tout à coup /
un agriculteur /
un atelier /
un banquier /
un caissier, une caissière /
un chef d'entreprise /
un chômeur, une chômeuse /
un commissariat de police /
un cuisinier, une cuisinière /
une école primaire /
un état /
une ferme /
un fonctionnaire, une fonctionnaire /
une gare /
une mairie /
un ouvrier, une ouvrière /
un plan /
un psychologue, une psychologue /
le retour /
un retraité, une retraitée /
la S.N.C.F. /
une usine /
continuer /
tourner /
à droite /
à gauche /
aller jusqu'à /
taper à la machine /
tout droit /
une boîte /
un boulot /
le boulot /
un flic /
un job /
un toubib

Les sons du français

A . Le son /R/. The French /R/ is a guttural sound that has absolutely nothing in common with the English /r/. To pronounce /R/, keep the tip of your tongue against your lower teeth. Say "ga." Note that the back of your tongue is raised. /R/ is produced by moving your tongue a little further back and creating a narrow air passage between the back of your tongue and the back of your mouth. Listen and repeat.

Commencez.
1. garage /
2. orange /
3. rose /
4. dormir /
5. radio /
6. vrai

B . Les sons /s/, /z/, /ʃ/ et /ʒ/. These sounds are similar to ones used in English. Listen and repeat.

Commencez.
1. (le son /s/) /
   C'est ça! Si, si! Solange sort avec Pascal! /
2. (le son /z/) /
   Onze fraises grises! C'est vraiment bizarre! /
3. (le son /ʃ/) /
   Dans la chambre de Chantal, il y a des chaises, des chats et des champignons!/
4. (le son /ʒ/) /
   Je ne mange jamais de jambon.

C . Une comptine. Listen once. Then rewind and try to say the rhyme along with the tape. Pay particular attention to the sound /R/. (This is a nonsense counting-out rhyme like *one-potato, two-potato*.)

Commencez.

Am stram gram
Pic et pic et colégram
Bour et bour et ratatam
Am stram gram

Les sons et les mots

A. À Cinet. As you hear what each person does, circle the place where each one probably works.

You hear: Monsieur Lacroix est banquier.
You circle: une banque

Commencez.
1. Mlle Jacob est ingénieur. /
2. M. Derni est cuisinier. /
3. Mme Renard est commerçante. /
4. M. Bastin est agriculteur. /
5. Mlle Collin est serveuse.

B. Les métiers. Give the profession that involves the people or objects suggested below. Compare your answers with those on the tape.

Modèle: les malades
            les médecins

Commencez.
1. l'argent /
   les employés de banque, les banquiers, les serveurs, les caissières et les commerçants /
2. les repas /
   les cuisiniers et les serveurs /
3. les vêtements /
   les commerçants et les vendeurs /
4. les alcools /
   les serveurs et les serveuses /
5. les criminels /
   les policiers /
6. les machines à écrire /
   les secrétaires, les instituteurs et les professeurs

C. Qualités professionnelles. Circle the qualities that are important for each profession you hear. Then compare your answers with those on the tape.

Commencez.
1. un juriste /
   juste et compétent. /
2. un professeur /
   aimable, intelligent, patient et compréhensif! /

3. un ouvrier /
   fort et compétent. /
4. un médecin /
   intelligent et fort. /
5. un policier /
   honnête et patient.

D. Comment est? Say what each person is like. Then compare your answers with those on the tape. Do you agree or not? (You may use the adjectives above.)

Commencez.
1. M. Lacroix est banquier. Il est ... /
   Il est honnête et assez sympathique. /
2. Mlle Jacob est ingénieur. Elle est ... /
   Elle est intelligente et travailleuse. /
3. M. Derni est cuisinier. Il est ... /
   Il est drôle et il travaille dur. /
4. Mme Renard est commerçante. Elle est ... /
   Elle est aimable et elle est très élégante! /
5. M. Bastin est agriculteur. Il est ... /
   Il est fort et très patient. /
6. Mlle Collin est serveuse. Elle est ... /
   Elle est très aimable et elle aime parler avec les clients.

E. Trouver un emploi. What kind of job is each person best suited for? Write your answer in the blank. Choose from: *cuisinier, institutrice, vendeuse, agriculteur, secrétaire, serveuse.*

Commencez.
1. Je suis un peu artiste, et j'aime beaucoup les enfants, surtout les très jeunes. /
2. Tout ce qui est mode m'interesse beaucoup. J'adore les vêtements... les bijoux et tous les accessoires: chaussures, sacs, etc. /
3. Ah, oui, je passe beaucoup de temps dans la cuisine, surtout quand j'ai le temps pendant les vacances. /
4. Voyons, eh bien, je réponds au téléphone, je sais taper à la machine, compter, et je ne fais pas trop de fautes d'orthographe. /
5. Ah, l'air pur, les arbres, le soleil, l'espace. C'est ça, la belle vie. /
6. Je suis très forte, je travaille vite, et je m'entends bien avec les gens. Je suis patiente vous savez.

F. Et vous? What do you want to be? Decide, then give your reasons. Compare your answers to those on the tape. Do you agree or not?

Modèle: médecin /
                 Non, je n'aime pas les malades, je déteste les hôpitaux. Non, non et non!

Commencez.
1. juriste / Oui, j'adore les choses difficiles, lire des documents, prendre des décisions. /
2. vendeur (vendeuse) / Non, je déteste écouter les clients, je n'aime pas être aimable, j'aime être assis et faire des choses intelligentes. /
3. instituteur (institutrice) / Oui, j'adore les enfants, les livres, les horaires réguliers, les vacances pendant l'été. /
4. serveur (serveuse) / Non, je déteste les cafés et les restaurants et je déteste courir toute la journée. /
5. policier / Oui, j'aime les uniformes, l'autorité, j'aime poser des questions, et je déteste les criminels.

G. Associations d'actions. Circle the words you associate with each verb you hear. Then compare your answers with those on the tape.

Commencez.
1. gagner /
    un match /
2. mettre /
    une cravate /
3. oublier /
    les clés, un verbe, un examen /
4. utiliser /
    le téléphone, un ordinateur /
5. expliquer /
    une leçon, un problème

H. Qu'est-ce que vous faites? What do you do in these places? Compare your answers with those on the tape. Do you agree or not?

Modèle: dans la cuisine /
                 Nous mangeons et nous faisons la cuisine.

Commencez.
1. dans un magasin /
    Nous regardons, nous choisissons et nous achetons. /
2. dans le salon /
    Nous écoutons de la musique et nous parlons avec nos amis. /

3. devant la porte /
   Nous sonnons et nous attendons. /
4. en classe /
   Nous écoutons le professeur et nous regardons par la fenêtre... /
5. à la bibliothèque /
   Nous étudions et parfois nous dormons ... /
6. chez le dentiste /
   Nous attendons... et nous attendons....... et nous attendons.

Les mots et les phrases

A. Présent ou imparfait? Are these verbs in the *présent* or the *imparfait*? Circle your answers.

Commencez.
1. Nous chantions la Marseillaise. /
2. Maintenant, nous ne chantons pas. /
3. Vous arrivez toujours à six heures? /
4. Oui, mais autrefois, j'arrivais à cinq heures et demie. /
5. À l'université, je fumais beaucoup. /
6. Mais maintenant, je ne fume plus.

B. Action ou description? Are these people describing how things were (*imparfait*) or saying what happened (*passé composé*)? Circle your answers.

Commencez.
1. — Où tu étais hier soir?
   — Dans ma chambre, j'étudiais. /
2. — Qu'est-ce que tu as fait en ville?
   — J'ai fait des courses et je suis allé au cinéma. /
3. — Est-ce que tu as fait du ski cet hiver?
   — Oui, nous sommes allés à Chamonix pour Noël. /
4. — Est-ce que Pierre a gagné le match de foot?
   — Non, mais il a très bien joué. /
5. — Quel temps faisait-il à Paris?
   — Il faisait pas très beau, il pleuvait et il faisait froid. /
6. — Tu aimais, toi, faire de la gymnastique?
   — Je détestais ça. Pourquoi? /
7. — Où est-ce que vous habitiez quand vous étiez enfant?
   — À Bordeaux, et vous? /
8. — Est-ce que tu as acheté du pain? J'ai oublié de faire les courses ce matin.
   — Ah non, mais j'ai acheté un petit gâteau pour le dessert.

C. Cédric à 8 ans. Do you remember Cédric Rasquin, the unhappy product of a broken family, that you met in lesson 5? Here he is again. He's thinking back to the days before his parents got divorced. Use the words below to play the part of Cédric. Since he's talking about the way things used to be, put the main verbs in the *imparfait*. Then compare your answers to those on the tape.

Commencez.
1. je / habiter / avec ma mère et mon père / à Paris /
   J'habitais avec ma mère et mon père à Paris. /
2. nous / être / contents /
   Nous étions contents. /
3. je / avoir / beaucoup d'amis /
   J'avais beaucoup d'amis. /
4. papa / travailler / et / maman / rester / avec nous à la maison /
   Papa travaillait et maman restait avec nous à la maison. /
5. on / sortir / en famille le week-end /
   On sortait en famille le week-end. /
6. la vie / être / beau /
   La vie était belle.

D. À dix ans ... Use the suggestions given to say what your life was like when you were ten. Then listen to the tape to find out what the speaker's life was like at that age.

Commencez.
1. écouter les parents /
   Oui, j'écoutais ma mère et mon père. /
2. boire de la bière /
   À dix ans je ne buvais pas de bière. /
3. travailler /
   À dix ans? Travailler? Pas moi, je ne travaillais pas. /
4. avoir une voiture /
   Non, je n'avais pas de voiture. /
5. fumer /
   Mais non, je ne fumais pas à dix ans et je ne fume pas maintenant. Ce n'est pas bon pour la santé. /
6. rester à la maison le samedi soir /
   Oui, je restais à la maison le samedi soir, je regardais la télévision ou je jouais aux cartes avec mes frères et mes soeurs. /
7. acheter mes vêtements /
   Non, ma mère achetait mes vêtements. /
8. être innocent /
   Ah oui, à dix ans, j'étais très innocent.

E. Et maintenant? How has your life changed since you were ten? Use the suggestions to describe your life today. Then listen and compare your answers to those of the speaker. Are you alike or not?

Commencez.
1. écouter les parents /
   Maintenant? Oui, j'écoute les parents... quelquefois! /
2. boire de la bière /
   Oui, maintenant je bois de la bière avec mes amis. /
3. travailler /
   Oui, c'est vrai, maintenant je travaille beaucoup, trop même. Je suis tout le temps fatigué. /
4. avoir une voiture /
   Oui, maintenant, j'ai la voiture de mon père. /
5. fumer /
   Non, je ne fume pas. Moi je suis sportif et fumer ce n'est pas bon pour la santé. /
6. rester à la maison le samedi soir /
   Ah non, je ne reste jamais à la maison le samedi soir. Je sors avec les copains. /
7. acheter mes vêtements /
   Oui, j'achète mes vêtements maintenant. J'adore les jeans, les tee-shirts et les tennis. /
8. être innocent /
   Maintenant? Moi, innocent? Pas moyen!

F. Devoir ou devoir? Are these people using the verb *devoir* to talk about what they have to do or about something they owe someone? Circle your answers.

Commencez.
1. Ce soir je reste dans ma chambre, je dois écrire à mes parents. /
2. Ah, non, pas d'argent! Tu me dois déjà 140 francs. /
3. Ton patron a téléphoné, tu dois travailler de 2 à 10 ce soir. /
4. Regarde l'heure, il est 3 heures du matin. Tu ne dois pas rentrer si tard... /
5. Combien je vous dois? 45 francs 50? /
6. Enfin, regardez cette cuisine... Avant de commencer le dîner, vous devez absolument faire la vaisselle. /
7. J'peux pas venir avec vous, je dois préparer mes examens. /
8. Je dois de l'argent à mes parents, une composition au prof de littérature, un examen au prof de math, des excuses à mon amie, un coup de téléphone à mes grands-parents. Quelle vie!

G . On doit être. Choose adjectives from the list below to say what each person should be like to be successful. Do your answers agree with those on the tape?

compétent, fort, aimable, dynamique, poli, patient, sympathique, bavard, honnête, intelligent

Commencez.
1. un banquier /
    Un banquier doit être honnête et compétent. /
2. un médecin /
    Un médecin doit être patient et intelligent. /
3. un agriculteur /
    Un agriculteur doit être fort et patient. /
4. une vendeuse /
    Une vendeuse doit être sympathique et polie. /
5. un professeur /
    Un professeur doit être patient, sympathique et intelligent. /
6. un chef d'entreprise /
    Un chef d'entreprise doit être dynamique et intelligent. /
7. un serveur /
    Un serveur doit être aimable, poli, honnête et patient. /
8. un étudiant /
    Un étudiant doit être intelligent, patient, sympathique, fort et poli.

H . Quel verbe? What verb do you hear? Circle your answers.

Commencez.
1. Tu ne veux pas aller en ville ce matin! /
2. Alceste et Candide doivent aller chez le dentiste ce week-end. /
3. Mais ils ne veulent pas aller chez le dentiste! /
4. M. Lacroix ne peut pas taper à la machine. /
5. Vous pouvez sortir maintenant. Nous avons fini. /
6. Nous devons parler au professeur avant l'examen.

I . On doit. Here are the things various people in Cinet ought to do. Say this using *devoir*. Then compare your answers with those on the tape.

Commencez.
1. M. Meunier, trouver du travail. /
    M. Meunier doit trouver du travail mais c'est difficile et il est déprimé. /
2. Mlle Caron, être plus aimable. /
    Mlle Caron doit être plus aimable. Les clients n'aiment pas les vendeuses désagréables. /

3. Mlle Jacob et M. Saïdi, parler à M. Bovy. /
   Mlle Jacob et M. Saïdi doivent parler à M. Bovy. Mme Collin a des difficultés. /
4. M. Bastin, aller chez le médecin. /
   M. Bastin doit aller chez le médecin mais il ne veut pas. Il n'aime pas les médecins.

À l'écoute de ...

A . Qu'est-ce qu'ils font? These people are interviewed on their profession and daily activities. Think of three questions you would use to interview someone about this topic.

B . Trois interviews. Listen to these people talk about what they do for a living. Guess their professions.

Commencez.
Interview 1.
— Oh, vous savez, mes journées sont toutes assez semblables... Le matin je prépare le petit déjeuner, et puis je dois aller à l'école avec les enfants. Il y a plusieurs rues à traverser et c'est dangereux, alors j'y vais avec eux. Quand je rentre, y a le ménage, les courses.
— Vous faites les courses tous les jours?
— Ben oui, presque. Y a toujours quelque chose à acheter. Du pain, du lait. J'aime bien acheter la viande tous les jours aussi, et le mercredi y a le marché pour les légumes.
— Et l'après-midi?
— Ça dépend des saisons.. Quand y fait beau je vais au parc avec mon bébé, sinon, je vais chez des amis, ou chez mes parents. Et aussi je fais les magasins, même si j'achète pas beaucoup.
— Vous n'avez pas envie de travailler?
— Oh si, mais plus tard, quand Jean-Luc ira à l'école, peut-être, si je trouve... Maintenant non. Je suis très occupée. Vous savez, avec trois enfants! /

Interview 2.
— Qu'est-ce que vous faites dans la vie?
— Je suis kinésithérapeute.
— Kiné quoi?
— Kinésithérapeute. Ça existe pas au Canada?
— Je sais pas. Et qu'est-ce que c'est kinésithérapeute?
— Je m'occupe des gens qui ont eu des accidents ou qui ont des problèmes physiques. Ils font des exercices, des massages etc.
— Et vous travaillez à l'hôpital?
— Oui, je travaille avec plusieurs médecins.
— Et vous avez fait des études pour ça?
— Oui, j'ai fait des études spécialisées, pendant deux ans, des études médicales, et j'ai un diplôme professionnel.
— Et qui sont vos malades?
— Surtout des accidentés. Des accidentés du travail, de la route, ou des sports, ski, vélo, tennis. Mais j'ai aussi beaucoup de personnes âgées.

— Et ça vous plaît?

— Beaucoup. C'est une profession utile, très très utile. Et puis, j'aime les contacts avec les gens, ils sont tous différents. /

Interview 3.

— Et le magasin est à vous?

— Ah oui, mon père était boulanger, mon grand-père était boulanger... c'est un peu une tradition familiale. On a toujours fait du pain dans la famille.

— Mais c'est différent maintenant, n'est-ce pas?

— Oui et non. On a, des machines, mais c'est toujours beaucoup de travail...

— Qu'est-ce qui est dur?

— Les horaires. Je dois commencer très tôt, à quatre heures du matin.

— Mais vous ne travaillez pas dans la journée.

— Non, c'est ma femme qui vend le pain, et on a une vendeuse le matin.

— Mais vous avez des vacances?

— Ah oui, au mois d'août. On prend cinq semaines et on part. Et puis le magasin est fermé tous les lundis.

— Pas le dimanche?

— Oh non, avec les gâteaux, le dimanche est notre meilleur jour... on fait beaucoup d'argent le dimanche.

— Où vous avez appris? Vous avez fait des études pour ça?

— Non, j'ai appris avec mon père, mais maintenant on doit aller dans des écoles spécialisées.

— C'est un bon métier?

— Oh, vous savez c'est mon métier... Je fais du bon pain, je suis indépendant, j'ai pas besoin de voyager, mais on n'est pas riche et c'est fatigant, hein!

C. Quelques détails. Listen again and fill in as many details as you can (in French or in English).

Leçon 13

Vocabulaire

l'addition /
une assiette de /
une boîte de /
une bouteille de /
une boucherie /
une boulangerie /
une carte /
une carte de crédit /
une charcuterie /
un chèque /
un couteau /
une cuillère /
une cuillère à soupe /
un doigt /
une épicerie /
une fourchette /
un invité, une invitée /
un kilo de /
une liste de /
une main /
un marché /
un morceau de /
une pâtisserie /
une petite cuillère /
une plante verte /
un plat /
une serviette /
une tasse de /
une tranche de /
un verre de /
bon marché /
fermé, fermée /
ouvert, ouverte /
tout, tous, toute, toutes /
assez de /
à droite de /
à gauche de /
au milieu de /
pas du tout /
quelle sorte de…? /

tous les deux, toutes les deux /
tous les jours /
tout à fait /
tout de suite /
trop de /
apporter /
commander /
payer /
venir /
venir de /
une assiette à soupe /
une boîte de chocolats /
une boulangerie-pâtisserie /
un chéquier /
un couvert /
un gramme de /
un litre de /
le menu à 85 francs /
la monnaie /
une nappe /
une sauce /
brûler /
déborder /
préparer /
renverser /
à la carte /
c'est moi qui invite /
combien est-ce que je vous dois? /
est-ce que le service est compris? /
j'en ai assez /
laisser un pourboire /
mettre la table /
payer avec une carte de crédit /
payer comptant /
payer par chèque /
service compris /
vous avez choisi? /
j'en ai marre /
j'en ai ras le bol

Les sons du français

A. L'alphabet phonétique. Each sound or symbol in the phonetic alphabet represents one sound. It is useful when you want to make distinctions that the traditional spelling system obscures. Here are the symbols used to represent French sounds along with their most common spellings. Listen and repeat.

Commencez.

/ a /	ami, là, théâtre	/ b /	bébé
/ e /	chez, étudier, mai	/ t /	tante, thé
/ ɛ /	elle, mère, treize, Noël	/ d /	date
/ i /	merci, il y va, égoïste, dîne	/ k /	sac, quel, kilo
/ o /	trop, hôtel, haut, beau	/ g /	gâteau, golf, gros
/ ɔ /	école, bonne, pomme	/ f /	famille, téléphone
/ y /	tu, salut, sûr	/ v /	vert
/ u /	vous, où	/ s /	son, ce, garçon, dessert, nation
/ ø /	bleu, vieux, oeufs	/ z /	rose, zéro
/ œ /	fleur, oeuf, neuf	/ ʃ /	chat
/ ə /	je, vendredi	/ ʒ /	déjeuner, Georges
/ ã /	quand, attendre, septembre	/ l /	lac, elle
/ ɛ̃ /	examen, vingt, fin, faim, bain	/ R /	rue, cher, Paris
/ œ̃ /	lundi, parfum	/ m /	maison, homme
/ õ /	maison, sombre	/ n /	nouveau, bonne
/ j /	rien, travaille, payer	/ ɲ /	champagne
/ w /	oui, jouer, voilà, voyage	/ ŋ /	parking
/ ɥ /	fruit, lui	/ k s /	taxi, excellent
/ p /	papa	/ g z /	examen

B. Lire en phonétique. Here is a phonetic transcription of a brief exchange. Listen to the tape as you read along. Then, rewind the tape and read along with the speaker.

Commencez.

— Tu vas en ville?
— Oui, tu veux venir?
— Je dois aller à la poste et passer à la banque, tu m'attends?
— D'accord, mais fais vite. J'ai un rendez-vous à trois heures juste.

Les sons et les mots

A. Les magasins. As you listen to this list of words, circle the names of stores.

Commencez.

un cahier, un supermarché, une boulangerie, une pomme de terre,
une terrasse, une charcuterie, une épicerie, un manteau, une pâtisserie,
une fourchette, une église, une boucherie, une ouvrière, une usine

B. Associations. What stores or places do these words evoke for you? Compare you answers with those on the tape.

Commencez.
1. un chèque /
   une banque /
2. un gâteau /
   une pâtisserie /
3. du pain /
   une boulangerie /
4. des fruits /
   un marché /
5. une boîte de petits pois /
   une épicerie /
6. du bifteck /
   une boucherie /
7. un serveur /
   un café ou un restaurant /
8. du jambon /
   une charcuterie

C. Classons. You will hear several words connected with food and eating. For each, decide whether it belongs to the category <u>tableware</u>, <u>food</u>, or <u>stores</u>. Use these abbreviations: *T = table, F = food, S = store.* The first one is done for you.

Commencez.

1. la cuillère /
2. les pommes de terre /
3. l'épicerie /
4. le beurre /
5. le thé /
6. le couteau /
7. le verre /

8. un oeuf /
9. la boucherie /
10. le sucre /
11. la tasse /
12. la serviette /
13. le lait /
14. la boulangerie /
15. les croissants /
16. le saucisson /
17. le jambon /
18. une carotte /
19. une petite cuillère /
20. une bouteille de vin /
21. une assiette /
22. les épinards /
23. le poisson /
24. le couvert

D. Faire les courses. Say where you would go to buy each item in France. Then compare your answers to those on the tape. (Of course you could also buy all these items at a *supermarché*!)

Commencez.
1. des haricots verts /
   à l'épicerie ou au marché /
2. du pain /
   à la boulangerie /
3. du jambon /
   à la charcuterie /
4. une bouteille de vin /
   à l'épicerie /
5. une tarte aux fraises /
   à la pâtisserie /
6. du poulet /
   à la boucherie, ou à la charcuterie ou au marché /
7. des croissants /
   à la pâtisserie ou à la boulangerie /
8. un rôti de porc /
   à la boucherie ou à la charcuterie /
9. du fromage /
   à l'épicerie ou au marché

E. Où est-ce que ça se passe? Listen and decide where these people are. Write your answers on the appropriate lines.

Suggestions: *à la boucherie, à la boulangerie, dans la cuisine, à l'épicerie, à la charcuterie, à la bibliothèque, à la pâtisserie, chez le médecin, dans le bureau du professeur, dans la voiture* .

Commencez.

1.
— Et pour vous, madame, ce sera?
— Comme d'habitude, une baguette de pain, bien dorée, et un petit pain de campagne. /

2.
— C'est à qui de faire la vaisselle aujourd'hui?
— Pas à moi, je l'ai faite hier.
— Bon, alors passe-moi les assiettes et les verres, et je la fais. /

3.
— Pardon, Madame, je cherche un livre de poèmes romantiques.
— Quel est l'auteur?
— Je crois que c'est une anthologie de poèmes anglais.
— Alors c'est au troisième étage, avec les littératures étrangères. /

4.
— C'est à qui?
— À moi, donnez-moi un litre de lait et 250 grammes de fromage, s'il vous plaît.
— Du brie ou du camembert?
— 200 grammes de chaque s'il vous plaît. /

5.
— Je suis un peu pressée aujourd'hui. Vous pouvez me préparer ma viande et je vais repasser dans une heure ou deux.
— Mais bien sûr, Madame Sauteraud, mais pas après 13 heures, je ferme cet après-midi. /

6.
— Bon, alors tu me dis où je dois tourner.
— Oui, oui, c'est un peu plus loin.... Là, oui, maintenant, tourne à droite et c'est la deuxième rue à gauche. /

7.
— Nous partons en promenade demain, et nous allons pique-niquer, qu'est-ce que vous recommandez?
— J'ai un très bon pâté de campagne, et du saucisson à l'ail. Vous aimez?
— Le pâté, oui, euh... mettez-moi deux tranches, s'il vous plaît. /

8.

— Je vais être absent en classe demain, parce que je dois aller chez moi pour l'anniversaire de ma grand-mère et je viens m'excuser. Est-ce qu'il y aura des devoirs pour vendredi?

— Oui, et un petit examen. Nous allons étudier le chapitre 28 et l'examen sera sur le 27 et le 28.

F. Que faire? These people have problems! Listen and make a suggestion as to what they should do. Then listen for the suggestion on the tape. Was your answer similar or not?

Modèle: Oh, je n'ai plus de pain...
            Oh, attends, je vais aller à la boulangerie.

Commencez.
1. Je n'ai pas acheté de gâteaux... /
   Bon, c'est facile, je vais aller à la pâtisserie. /
2. Il n'y a pas de viande pour le dîner. /
   Alors, je sors, je passe à la boucherie. /
3. Je voudrais faire un sandwich au jambon, mais mon frère a fini le jambon. /
   Va vite à la charcuterie, elle va fermer. /
4. J'ai besoin d'un livre de littérature française /
   Va à la bibliothèque, elle n'est pas loin d'ici. /
5. Oh! ça ne va pas du tout, je suis horriblement malade. /
   Téléphone au médecin. Ne reste pas comme ça...

Les mots et les phrases

A. Venir à tous les temps. Circle the tense you hear.

Commencez.
1. Jean-Luc est venu à dix heures. /
2. À quelle heure est-ce que tu viens? /
3. Moi, je venais toujours à neuf heures. /
4. Christine vient demain. /
5. La soeur de Jean-Luc est venue avec lui.

B. D'où vient ... ? Say where each person comes from. Then compare your answers with those on the tape.

Modèle: D'où vient Jean-Luc? (Nice)
            Il vient de Nice.

Commencez.
1. D'où vient Alceste? (Lille) /
   Il vient de Lille. /

2. D'où vient Candide? (Marseille) /
    Il vient de Marseille. /
3. D'où viennent leurs cousins? (Lyon) /
    Ils viennent de Lyon. /
4. D'où viennent leurs grands-parents? (Toulouse)
    Ils viennent de Toulouse. /
5. D'où viens-tu? /
    Je viens de Paris.

C. Fait ou à faire? Did each thing just happen (*venir de* + infinitive) or is it going to happen (*aller* + infinitive)? Circle your answers.

Commencez.
1. Nous allons étudier toute la nuit. /
2. Vous venez de lire ce livre? /
3. Le professeur vient de corriger les examens. /
4. Nous venons de manger. /
5. Je vais manger après vous. /
6. Ma mère vient d'acheter une voiture française. /
7. Tu vas sortir ce soir? /
8. Je vais téléphoner chez moi. /
9. Mes parents viennent de téléphoner à ma soeur. /
10. Nous allons voyager en Grèce.

D . Sophie et Alain. Alain doesn't think that Sophie is doing her share. Play the part of Sophie. Compare your answers with those on the tape.

Modèle: Tu n'as pas acheté de fromage!
               Si, je viens d'acheter du fromage!

Commencez.
1. Tu n'es pas allée à la banque! /
    Si, je viens d'aller à la banque! /
2. Tu n'as pas fait le ménage! /
    Si, je viens de faire le ménage! /
3. Tu n'as pas fait la vaisselle! /
    Si, je viens de faire la vaisselle! /
4. Tu n'as pas rangé la maison! /
    Si, je viens de ranger la maison! /
5. Tu n'as pas fait le lit! /
    Si, je viens de faire le lit! /
6. Tu n'as pas téléphoné à ma mère! /
    Si, je viens de téléphoner à ta mère!

E. Qu'est-ce que vous prenez? Are these people ordering something solid or something liquid? Even if you can't tell exactly what they're ordering, you can still decide by identifying the container or quantity you hear. Circle your answers.

Commencez.
1. Une tasse de chocolat, s'il vous plaît. /
2. Et un verre de lait pour Janine. /
3. Donne-moi un morceau de sucre s'il te plaît. /
4. Et avec ça, un kilo de concombres et c'est tout. /
5. Oui, une tranche de museau de porc, c'est parfait. /
6   Donnez-moi un litre d'huile d'arachide et c'est tout. /

F. Combien vous en voulez? Listen and write down what each person is offering or asking for.

You hear: Il a l'air très bon ce jambon. Je voudrais deux grosses tranches s'il vous
                 plaît.
You write: deux tranches de jambon

Commencez.
1. — Attends, tu dois avoir très soif, est-ce que tu veux un verre d'eau? /
2. — Je n'ai pas très faim mais je prendrais bien une petite tasse de café avec du lait. /
3. — Du sucre? Oui, merci, un peu, deux morceaux, ça va. /
4. — Écoute, nous n'avons rien pour les Dumas ce soir. Va acheter une boîte de chocolats, tu
        veux bien. /
5. — Va à la boucherie et prends de la viande, on va être six, alors, prends un kilo 500 de
        viande pour faire un boeuf bourguignon. /
6. — Écoute, il fait si chaud, va acheter des jus de fruit à l'épicerie, deux bouteilles de jus
        d'orange et trois bouteilles de Perrier.

G. À vous! Now, order for yourself. Say exactly how much you want of each item. Compare your answers with those on the tape. Are you like that person or not?

Commencez.
1. du jus d'orange /
    Oui, cinq verres de jus d'orange, merci. /
2. du fromage /
    Donnez-moi quatre morceaux de fromage, s'il vous plaît. /
3. des oranges /
    Combien d'oranges? Voyons, disons quarante-six... non... cinquante-six! /
4. de la bière /
    De la bière? Oui merci mais pas trop... un petit verre de bière, ça me suffit. /

5. du café /
   Quatre tasses de café s'il vous plaît. Je suis très fatigué et je dois étudier. /
6. du riz /
   Du riz ou des pommes de terre? Du riz, c'est moins cher. Alors, un kilo de riz, s'il vous plaît.

H. Qui ou que. Circle the relative pronoun, *qui* or *que*, that you hear.

Commencez.
1. C'est lui que j'aime. /
2. Mais voilà la fille qu'il aime! /
3. Le garçon qui cherchait un vendeur est là-bas. /
4. J'ai trouvé un livre que tu vas aimer. /
5. Voilà les fleurs qu'il a achetées. Elles sont belles, n'est-ce pas? /
6. Tu veux aller au cinéma? Il y a un nouveau film qui vient de sortir.

I. Quel livre? Candide is too lazy to look for himself! Use the pictures to play the role of Alceste.

Modèles: Candide: Quel livre?
             Alceste: Le livre qui est sur la table!
             Candide: Quel livre?
             Alceste: Le livre que tu as mis sur la table.

Commencez.
1. Quel livre? /
   Le livre qui est sur la table. /
2. Quel stylo? /
   Le stylo que tu as mis dans le livre. /
3. Quelle plante? /
   La plante qui est sur la table. /
4. Quels fruits? /
   Les fruits que tu as mis sur l'assiette. /
5. Quelle affiche? /
   L'affiche qui est sur la porte. /
6. Quelle bouteille? /
   La bouteille qui est à côté de la lampe. /
7. Quel verre? /
   Le verre que tu as mis à côté des tasses.

À l'écoute de ...

A. Enquête policière. There was a break-in Saturday morning at Le Crédit Régional in Cinet and Mme Renglet is under suspicion! The police have already questioned her once but they want her to account one more time for her activities on the morning in question. Use the notes taken during the first interview to check for any discrepancies in the second.

Commencez.

Bon, alors, d'abord je suis passée à la boulangerie pour le pain et j'ai pris une baguette mais j'ai acheté aussi 2 tartelettes aux cerises. Après ça, comme d'habitude je suis allée chez Monsieur Vincent; c'est la petite épicerie du coin; eh ben, oui pour mes légumes, un kilo de tomates, une salade et un kilo de pêches. Elles sont belles, les pêches, cette année. Les abricots... euh... oui c'est la saison, mais vous savez, ils étaient pas beaux et j'en ai pas acheté.

Ah pardon, j'ai aussi acheté mon lait, un demi-litre et un peu de beurre, du beurre salé de Normandie, j'aime bien, je suis normande, vous comprenez... Bon, et puis je suis allée, attendez, avant ou après? Oui, après. Après, je suis allée à la poste pour téléphoner. J'dois aller chez ma fille la semaine prochaine. Et, après, oui, pour le dîner du soir, je voulais du jambon. Alors je suis allée dans la rue Ernest Renan. Y a une excellente charcuterie là, le jambon y est très bon. J'en ai pris 3 tranches. Ah, et puis les gâteaux. Eh oui, j'aime bien les gâteaux, mais je suis au régime, alors je passe toujours devant la pâtisserie, mais j'entre pas... j'suis très raisonnable.

D'habitude Madame Renard fait ses courses avec moi, mais comme elle était pas libre, je suis sortie sans elle.

B. Retour à la maison. Your roommate is coming home late after an evening in a special restaurant. What will you ask her? Prepare 3 questions.

C. Un bon dîner! When Claude got back late last night, her roommate had some questions for her. Listen, and then reconstruct what Claude had to eat that evening (using English or French) from their conversation.

Commencez.
— Tu rentres bien tard. Où es-tu allée?
— On est sorti; y a un nouveau restaurant et on voulait savoir comment il était et comme c'était mon anniversaire...
— Qu'est-ce que tu as pris? du pâté?
— Oui, bien sûr. Délicieux! Mais après ça, j'ai pris un poisson à la crème et aux champignons. Et ça c'était super ... Et Jean-Pierre a commandé du melon au porto. Il adore ça le melon, et le porto ... quand il fait chaud.
— Et comme dessert?
— Ah toi et les desserts ... Attends, avant le dessert, y avait des légumes, des pommes de terre nouvelles avec des petits pois.
— Les légumes, tu sais, moi ... mais allez, c'est le dessert qui m'intéresse!

— J'ai pris une mousse au chocolat, parfumée au Grand Marnier et Jean-Pierre a pris une tarte aux fraises.

— Dis donc, c'est cher ce restaurant?

— Oh, c'est pas moi qui payais! Et on a pris du champagne au dessert.

— Hé bien ma vieille! Heureusement que c'est pas toi qui payais!

D. Quel restaurant. Now listen to the end of the dialog to verify the following information.

Commencez.

— Et c'est où ce restaurant?

— Derrière le théâtre, dans la rue Saint-Jean

— Attends, je vais écrire le nom, si jamais j'étais invitée ... Comment ça s'appelle?

— Aux Trois Écus.

— Aux quoi?

— Aux, a-u-x, trois, comme le chiffre 3, écus, é-c-u-s.

— Ah! Aux Trois Écus!

— Attends, j'ai pris une carte, je vais te donner le numéro de téléphone. C'est le 92.47.91.

— 92.47.91. Pour mon anniversaire ... Ce sera parfait, c'est dans un mois ...

— Oui, mais pas avec Jean-Pierre! dis donc.

Leçon 14

Vocabulaire

une adresse /
un article /
une boîte aux lettres /
une cabine téléphonique /
une carte postale /
le courrier /
une dissertation /
un écrivain /
une enveloppe /
un facteur /
un journal, des journaux /
un journaliste, une journaliste /
une lettre /
une librairie /
un magazine /
un numéro de téléphone /
une page /
une petite annonce /
la politique /
la publicité /
une question /
un renseignement /
un timbre /
la vérité /
cher, chère /
passé, passée /
décrire /
demander quelque chose à quelqu'un /
dire quelque chose à quelqu'un /
écrire quelque chose à quelqu'un /
envoyer quelque chose à quelqu'un /
lire /
être au courant de /
être en train de /
poser une question à quelqu'un /
vouloir dire /
l'amour /
un annuaire de téléphone /
un bureau de tabac /

un dessin humoristique /
un événement /
la littérature /
une nouvelle /
un poème /
un roman /
une rubrique /
le sommaire /
un titre /
culturel, culturelle /
féminin, féminine /
littéraire /
masculin, masculine /
scientifique /
suisse /
en Bretagne /
en Suisse /
mettre une lettre à la poste /
faire du camping /
mini-lexique /
correspondance /
amicalement /
très amicalement /
bien amicalement /
grosses bises /
je t'embrasse /
je vous prie d'agréer, cher monsieur,
    l'expression de mes sentiments les
    meilleurs /
mini-lexique téléphone /
Allô! /
Qui est à l'appareil? /
Pouvez-vous rappeler? /
Quel est votre numéro de téléphone? /
Excusez-moi. J'ai fait un faux numéro. /
Ne quittez pas. /
une dissert /
donner un coup de fil /
une pub

Les sons du français

A. Le son /j/. The sound /j/ is the glide or *semi-voyelle* heard in *fille* or *premier*. It is similar to the English sound in *year* but is pronounced with greater muscular tension. Listen and repeat as the speaker contrasts the clear vowel sound /i/ with the glide /j/.

Commencez.
1. lit /
   Lyon /
2. étudie /
   étudier /
3. fils /
   fille /
4. oublie /
   oublier /

B. Le son / ɥ /. This glide can be heard in *huit* or *suis*. Listen and repeat as the speaker contrasts the clear vowel sound /y/ with the glide / ɥ /.

Commencez.
1. lu /
   lui /
2. nu /
   nuit /
3. su /
   suis /

C. Le son /w/. This glide can be heard in *oui* or *Louis*. Listen and repeat as the speaker contrasts the clear vowel sound /u/ with the glide /w/.

Commencez.
1. ou / ouest /
2. joue / jouer /
3. loue / Louis /

D. Une comptine. This counting-out rhyme says that bottles are made in Marseilles, covered with straw in Versailles, corked in Toulon, filled in Paris, and drunk in Savoie. Try to repeat along with the speaker.

Commencez.

À Marseille on fait les bouteilles
À Versailles on les empaille
À Toulon on met les bouchons
À Paris on les emplit
En Savoie on les boit.

Les sons et les mots

A. Les mots groupés. Does each word belong primarily to post office vocabulary (*la poste*) or to media (television and newspaper) vocabulary (*les médias*)? Circle your answers.

Commencez.
1. une lettre /
2. une librairie /
3. les journaux /
4. le facteur /
5. une carte postale /
6. un timbre /
7. une petite annonce /
8. une enveloppe

B. Associations. For each word you hear, say another related word. Compare your answers with those on the tape.

Commencez.
1. la poste /
    un facteur, une carte postale /
2. un timbre /
    une lettre, une carte postale /
3. une enveloppe /
    une lettre, un timbre, le facteur /
4. le facteur /
    le courrier, la poste /
5. une carte postale /
    un timbre, écrire, des vacances /
6. une librairie /
    des livres, des magazines, des journaux /

7. une page /
   un livre, un magazine /
8. un journaliste /
   un journal, écrire

C.   De quoi s'agit-il? What are these people talking about? Write the subject of each conversation next to its number. Choose from: *un journal, le téléphone, le bureau de tabac, le courrier, un magazine,* and *la poste.*

Commencez.
1.
— Où est-ce que tu l'as lu?
— À la première page, dans la première colonne. /

2.
— Est-ce que le facteur est passé?
— Oui, et il y a même quelque chose pour toi. /

3.
— Tu sors?
— Oui, je vais chercher des timbres et le journal. /

4.
— Tiens, tu as vu la nouvelle mode?
— Non, fais voir. Oh là là, ça va être drôle... regarde un peu cette robe et ce pantalon! /

5.
— Qu'est-ce que tu cherches?
— L'annuaire, tu sais où il est?/

6.
— Si tu sors, emporte mes lettres.
— Bien sûr! Elles sont timbrées?

D.   Complétez. Finish the sentences you hear with an appropriate word or expression. Compare your answers with those on the tape.

Commencez.
1. Je n'ai pas lu les nouvelles ce matin. Où est ...? /
   Je n'ai pas lu les nouvelles ce matin. Où est le journal? /
2. C'est une carte postale pour Los Angeles. J'ai besoin de combien de ...? /
   C'est une carte postale pour Los Angeles. J'ai besoin de combien de timbres?/
3. J'ai fini ma lettre, mais je n'ai pas ... . /
   J'ai fini ma lettre, mais je n'ai pas de timbre et je n'ai pas d'enveloppe. /

4. Tu cherches une chambre? Regarde dans le journal à la page des ... . /
   Tu cherches une chambre? Regarde dans le journal à la page des petites annonces. /
5. Je n'ai plus de timbres, est-ce que tu peux aller ... .? /
   Je n'ai plus de timbres, est-ce que tu peux aller à la poste? /
6. Comment? le courrier n'est pas arrivé! Mais où est donc ... ? /
   Comment? le courrier n'est pas arrivé! Mais où est donc le facteur?

Les mots et les phrases

A. Identification. Match each verb form with its infinitive. Then, number the infinitives in the order heard on the tape. The first one has been done for you.

Commencez.
1. nous écrivons /
2. il a maigri /
3. vous choisissez /
4. ils sortent /
5. elles lisent /
6. elles décrivent /
7. tu demandes /
8. nous dînons /
9. nous disons

B. Les actions. Say what action goes with the word you hear. Then compare your answers with those on the tape. Choose from: *poser, décrire, écrire, téléphoner, envoyer, lire.*

Commencez.
1. une lettre /
   écrire /
2. la boîte à lettres /
   envoyer /
3. le journal /
   lire /
4. une cabine téléphonique /
   téléphoner /
5. une question /
   poser /
6. un voyage /
   décrire

C. Le ou le? Do you hear an article (*un article*) or a direct object pronoun (*un pronom d'objet direct*)? Circle your answers.

Commencez.
1. dans le train /
2. je le sais /
3. pour le professeur /
4. avec le dictionnaire /
5. chez le médecin /
6. nous le prenons /
7. tu le mets /
8. elle le dit

D. Masculin/Féminin? Are these people talking about something masculine (*le*), something feminine (*la*), or is it impossible to tell (*l'*)? Circle your answers.

Commencez.
1. Je la regarde. /
2. Vous le prenez. /
3. Tu la voulais. /
4. Elle le demande. /
5. Nous l'écoutons. /
6. Nous la prenons. /
7. Il le commence. /
8. Vous le buvez. /
9. Je l'entends.

E. On fait les valises. You're packing to leave for the weekend. Use direct object pronouns to say if you're taking each item or not. Do you agree with the speaker?

Modèle: Ton pull?
             Oui, je le prends.
             Non, je ne le prends pas. /

Commencez.
1. Ton jean? /
   Oh, oui, d'accord, je le prends. /
2. Ta radio? /
   Oui, oui, bien sûr, je la prends. /
3. Ton parapluie? /
   Ah, non, certainement pas, je ne le prends pas. /
4. Ton manteau? /
   Oh, non, je ne le prends pas, il fait pas froid. /

5. Ton chapeau? /
   Non, et non, et non, je ne le prends pas. /
6. Ta guitare? /
   Oui, je la prends, c'est drôlement important. /
7. Ton dictionnaire? /
   Oh, oui, indispensable, je le prends. /
8. Ta raquette de tennis? /
   Oui, je la prends, on ne sait jamais. /
9. Ton livre de français? /
   Non, je ne le prends pas! C'est le week-end!

F.   Singulier ou pluriel? Are these people referring to one thing (*le, la, l'*) or to more than one thing (*les*)? Circle your answers.

Commencez.
1. Je les achète. /
2. Tu la prends. /
3. Nous le préférons. /
4. Il l'adore. /
5. Je les écris. /
6. Il l'a lu. /
7. Vous les cherchez. /
8. Je l'ai commencé. /
9. Je vais les chercher.

G. On doit ranger... Say that yes, you'll put your things away. Then compare your answers with those on the tape.

Modèle: Range ton dictionnaire.
                 Oui, oui, je le range.

Commencez.
1. Range ton manteau. /
   Oui, oui, je le range. /
2. Range ta chambre. /
   Oui, oui, je la range. /
3. Range tes vêtements. /
   Oui, oui, je les range. /
4. Range ton bureau. /
   Oui, oui, je le range. /
5. Range tes chaussures. /
   Oui, oui, je les range. /
6. Range ta robe. /
   Oui, oui, je la range.

H. Passé ou présent? Are people talking about the past (*le passé*) or the present (*le présent*)? Circle your answers.

Commencez.
1. Tu l'as entendu? /
2. Vous la décidez. /
3. Je la cherche dans la cuisine. /
4. Tu l'as décidé? /
5. Tu l'as pris? /
6. Il l'a cherché au café. /

I. Et moi, ... Say whether you've already done, are doing, or will do each thing. Then listen to what the speaker has to say.

Modèle: faire mes devoirs
            Je les ai faits.

Commencez.
1. faire mes devoirs /
   Mais oui, bien sûr, je les ai faits! /
2. ranger ma chambre /
   Oui, oui, je la range. /
3. étudier mes leçons /
   Oui, oui, je les ai étudiées hier soir. /
4. regarder la télévision /
   Oui, je l'ai regardée, mais dimanche! /
5. vendre mes livres /
   Oui, je vais les vendre à la fin du trimestre. /
6. détester les légumes /
   Oui, je les ai toujours détestés, et je les déteste encore. /
7. payer l'addition /
   Oui, je l'ai payée, mais si tu veux me rembourser... /
8. commander le dîner /
   Oui, oui, je vais le commander, patience, patience...

J. Des goûts et des couleurs. Listen to these people talk about what they like and dislike. Write down the item they're talking about in the first column. Then, put a check in the column that indicates how they feel about this item.

Commencez.
1.
— Attends, je vais te montrer le pull que je viens d'acheter dans le magasin de la rue Voltaire. Pas cher tu sais.
— Oh, il est formidable, je l'aime beaucoup. /

2.

— J'ai des vêtements de sport que je ne porte plus, un anorak dans les tons rouges et un gros pull de laine vert. Ça t'intéresse?

— Oui, sensationnel... Je les aime bien, je les prends tous les deux. /

3.

— Je dois aller acheter une robe habillée pour la réception des anciens élèves, la semaine prochaine. Dis-moi franchement, est-ce que tu aimes les robes longues?

— Non, je les déteste. C'est prétentieux. /

4.

— Comment vas-tu à cette excursion? Tu aimes les chaussures de marche pour les promenades en montagne?

— Oui, je les préfère aux baskets. /

5.

— Tu aimes les cravates italiennes? En belle soie, douce et brillante comme celle que je portais la semaine dernière?

— Oui, je les adore. /

6.

— Jean-Marie a acheté un drôle de parapluie, comme les parapluies anglais, large et noir, tout droit. Et il se promène avec dans les rues, même quand il y a du soleil...

— Oui, je sais, je le trouve extra, je l'aime beaucoup. /

7.

— Je vais faire des courses. Je veux m'acheter un bikini parce qu'on va passer nos vacances au bord de la mer. Tu les aimes?

— Pour nager, non, je ne les aime pas du tout. C'est pas pratique.

K. Qu'est-ce que vous aimez? Now say what you like and don't like. Use direct object pronouns to avoid being repetitious. Then listen to the speaker. You don't have to say as much as the speaker does.

Modèle: J'ai mangé une glace à l'italienne délicieuse. Tu l'aimes, la glace italienne, toi?
            Oui, je l'adore.

Commencez.
1. J'ai mangé un gâteau au chocolat délicieux. Tu l'aimes, le gâteau au chocolat, toi? /
   Oui, je l'aime. /
2. Les fromages français sont très réputés mais tout le monde ne les aime pas. Et toi tu les aimes? /
   Non, je ne les aime pas du tout, ils sont trop forts. /

3. Si vous allez au marché, achetez des pêches, s'il vous plaît. Elles sont extra en ce moment. C'est la saison. Vous les aimez ?/
   Je les aime beaucoup. /
4. Qu'est-ce que tu aimes comme légume? les petits pois? ou autre chose? /
   Non, je les déteste les petits pois. Peut-être des haricots verts? /
5. Ah, qu'est-ce qu'on boit ce soir? Par cette chaleur! Ah, une bière ça te va? Tu l'aimes? /
   Oui, je l'aime, mais bien fraîche. /
6. Je vais faire une omelette pour le dîner. Une omelette à quoi? aux champignons, au fromage? Qu'est-ce que tu préfères? /
   Je la préfère aux champignons moi. /
7. J'ai fait une soupe pour commencer, mais elle n'est pas très chaude, comment tu l'aimes? /
   Je l'aime très chaude. /
8. Est-ce que tu aimes le vin français? Moi j'aime le vin de Californie. /
   Je l'aime aussi, mais j'aime mieux le vin français.

À l'écoute de...

A. Messages téléphoniques. People have called and left messages on the answering machine. Take down what they've said as accurately as possible. First, look at the message form to see what kind of information you need to get. Then, listen as many times as necessary to get the information. Use either French or English.

Commencez.

1.
— Allô, c'est pour placer une petite annonce le plus vite possible. Je veux vendre ma voiture. C'est une Peugeot 504. Elle est bleue. Quoi encore? Ben, elle est pas trop vieille, elle est de 1987. On peut m'appeler directement. Le nom c'est Jonzieux. J'épelle: J-o-n-z-i-e-u-x. Je vous donne mon numéro de téléphone: 94.42.51. Après 20 heures si possible.

2.
— Allô. C'est pour les prix de la publicité. Je voudrais discuter les prix pour faire de la publicité pour mon restaurant. Est-ce que vous pouvez me rappeler avant 11 heures du matin demain? Le nom c'est Lionel, L-i-o-n-e-l, le restaurant s'appelle Le Cheval Blanc, au 65.81.30. Je répète, le 65.81.30. Merci!

3.
— Allô, ici Jacques. J'ai besoin de parler à Rioure. Demandez-lui de m'appeler immédiatement. Je veux absolument aller à la gare pour l'accident du train de Paris. Mais, voilà j'ai besoin d'un photographe. C'est très pressé. Appelez-moi pour me donner un nom. Mon numéro, c'est le 50.56.29.

B. Après l'écoute. Rewind and listen one more time. Who do you think each machine might belong to?

C'est le répondeur de...

Leçon 15

<u>Vocabulaire</u>

une bouche /

un bras /

une brosse à dents /

des cheveux /

une dent /

un dos /

une jambe /

un nez /

un oeil, des yeux /

une oreille /

un pied /

une tête /

amuser /

s'amuser /

appeler /

s'appeler /

arrêter /

s'arrêter /

brosser /

se brosser /

coucher /

se coucher /

emmener /

énerver /

s'énerver /

ennuyer /

s'ennuyer /

habiller /

s'habiller /

laver /

se laver /

lever /

se lever /

promener /

se promener /

regarder /

se regarder /

réveiller /

se réveiller /

rêver de /

marron /

roux, rousse /

bien sûr /

d'habitude /

encore /

partout /

prendre une douche /

tard /

tôt /

tout seul, toute seule /

un article de toilette /

une barbe /

un corps /

une crèche /

le dentifrice /

le déodorant /

un derrière /

une école maternelle /

un gant de toilette /

un monstre /

une moustache /

un peigne /

un rasoir /

un rêve /

le savon /

un séchoir à cheveux /

une serviette de bain /

le shampooing /

un ventre /

un visage /

cacher /

changer /

se changer /

coiffer /

se coiffer /

déshabiller /

se déshabiller /

maquiller /

se maquiller /

peigner /

se peigner /

préparer /

se préparer /

raser /

se raser /
sécher /
se sécher /
adorable /
châtain, châtaine /
chauve /
énervant, énervante /
frisé, frisée /
propre /
réveillé, réveillée /

sale /
combien de fois par jour, par mois, par
     année /
faire des bêtises /
faire la sieste /
prendre un bain /
se barber /
se débarbouiller /
s'éclater /
Quelle barbe!

Les sons du français

A. Prononcez bien! English words like *nation* are pronounced with a *sh* sound. Similar words in French are pronounced using the glide /j/. Listen and repeat.

Commencez.
1. C'est une déci<u>sion</u> difficile. /
2. Faites atten<u>tion</u>! /
3. Quelle ques<u>tion</u>! /
4. Voilà une sugges<u>tion</u>.

B. Le son /l/. To say /l/, put the tip of your tongue behind your top teeth as for /t/ or /d/. Listen and repeat.

Commencez.
1. C'est le lit de Lulu. /
2. On achète des livres à la librairie. /
3. Qui est là, Luc ou Louise ou bien Lucie?

C. Prononcez bien! The English sound /l/ at the end of words like *peal* is called the *dark l* and is pronounced differently from the /l/ at the beginning of *leap*. There is no *dark l* sound in French. Keep your tongue firmly behind your top teeth as you repeat after the speaker.

Commencez.
1. Isabelle est belge, n'est-ce pas? /
2. Et elle est très belle! /
3. Oui, elle habite en Italie avec Laurent!

D. Une comptine. Try to repeat along with the tape. Pay attention to *l*-sounds.

Commencez.

Caramel mel mel
Au chocolat lat lat
La rose est si belle
Violette, violette
La rose est si belle
Qu'on la cueillera.
Violette, vous êtes belle,
Sortez mademoiselle.

Les sons et les mots

A. Normal ou bizarre? Here are some things that members of the Hanin family are doing. Are their actions normal or bizarre? Circle your answers.

Commencez.
1. Bruno se brosse les cheveux avec une brosse à dents. /
2. Nicolas, qui a neuf mois, se couche à sept heures du soir. /
3. Julie habille son père Bruno. /
4. Julie emmène sa mère à la crèche. /
5. Julie, qui a trois ans, s'habille toute seule. /
6. Les pères s'énervent quand les enfants ne veulent pas manger.

B. Associations. Which parts of the body do you associate with each item? Compare your answers with those on the tape.

Commencez.
1. du mascara /
    les yeux /
2. du parfum /
    le nez, les oreilles /
3. du shampooing /
    les cheveux, la tête /
4. des lunettes /
    les yeux, la tête /
5. une cigarette /
    la bouche /
6. de la mousse /
    les cheveux, la tête /
7. un stylo /
    la main /

8. du chewing-gum /
    la bouche, les dents /
9. un chapeau /
    la tête /
10. un pantalon /
    les jambes

C. Dernières recommandations. Write the number of each item underneath the picture it describes.

Commencez.
1. Avant de lire ton journal, va promener le chien, c'est ton tour./
2. Zut, y a une catastrophe dans la salle de bains. Lave-toi dans la salle de bains du deuxième étage. /
3. Qu'est-ce qu'il y a? Ça va pas? Mais enfin, voyons, ne t'énerve pas. Tu vas y arriver. C'est pas si difficile que ça. /
4. Enfin! La classe commence à 10 heures. Levez-vous donc un peu plus tôt! /
5. Mais non, il fait nuit, c'est trop tard! Et puis c'est dangereux! Ne va pas te promener maintenant!
6. Ne te regarde pas tant dans la glace. / J'ai besoin de la salle de bains moi aussi ... Oh, quand même, est-ce que tu vas sortir bientôt?

D. Ça ne va pas très bien... In whose office might the following bits of conversation be heard? First, read the categories below. Then, listen to the tape. Write the number in the blank that fits.

Commencez.
1.
Là, vous voyez, c'est dans le dos. Ça me fait mal tout le temps, surtout après une partie de tennis. Un peu plus haut, oui, là, là. Oh oui, là, continuez, c'est bon ça. Formidable. /

2.
Non, pas celle-ci. Oui, cette dent. C'est la grosse dent à côté de celle-ci. /

3.
Je ne sais pas ce que j'ai, je suis triste, j'ai toujours envie de pleurer, je n'ai aucun courage, et tout me fatigue... Je suis déprimé et même y a des jours où je n'ai qu'envie de mourir. /

4.
Vous savez je ne mange pas beaucoup, mais je ne comprends pas pourquoi, je grossis et je grossis. J'ai besoin d'un bon régime, est-ce que vous pouvez m'aider? /

5.

Non, il m'aide jamais dans la maison. C'est toujours moi qui fais tout, et quand il rentre le soir, il crie, il dit qu'il est fatigué. Comme si j'étais pas fatiguée, moi, avec les gosses qui pleurent et qui sont malades... /

6.

Alors écoutez, c'est très simple, c'est une toute petite opération et après deux jours, vous aurez un nouveau nez... Ça ne change pas votre visage, mais votre nez est plus fin, plus droit, et votre profil surtout beaucoup plus classique. Je crois que vous serez très content. /

7.

Vous êtes restée à la plage trop longtemps. Il faut faire attention. Le soleil est dangereux. Regardez, vous êtes toute rouge. Je vais vous donner une crème.

8.

Eh bien, je ne peux plus lire. Mes yeux me brûlent, et oui, je ne sais pas si c'est des allergies ou si j'ai besoin de lunettes, mais mes yeux me font vraiment mal. /

9.

C'est un accident de ski. Je suis tombé et quand j'ai voulu marcher, ma jambe... je n'ai pas pu me mettre debout... Et elle m'a fait mal cette jambe tout le temps du voyage.

E. Toujours de bonnes excuses. Circle the reason each person gives for what went wrong.

Commencez.
1.

Excusez-moi. Je suis en retard parce que je n'ai pas entendu mon réveil, il n'a pas sonné et je ne me suis pas réveillée à l'heure. Je suis désolée. /

2.

Mais je sais pas ce que j'ai! Pourquoi j'ai fait ça? Ça va pas la tête ... Mais ça va pas du tout ... Excusez-moi hein!

3.

Je n'étais pas en classe hier. Je suis allée chez le dentiste pour me faire arracher une dent. Qu'est-ce que je dois lire pour la prochaine classe? /

4.

Oh là là, je ne peux rien faire de mes cheveux. Je suis si mal coiffée. Je vais acheter une nouvelle brosse à cheveux, celle-là est finie. /

5.

Désolé, je ne peux pas travailler dans le jardin, j'ai mal au dos et je ne peux pas me lever.

Les mots et les phrases.

A. Réfléchi ou non? Are these verbs used reflexively (R) or not (NR)? Circle your answers.

Commencez.
1. Elle se change. /
2. Je me regarde. /
3. Ils se promènent. /
4. Vous les promenez. /
5. Nous les couchons. /
6. Nous la changeons. /
7. Vous la regardez. /
8. Il se couche. /
9. Tu l'as ennuyé. /
10. Je m'ennuie.

B. Quand? Say what times you do each of the following. Then compare your life-style to the speaker's. How alike are you?

You hear: se lever
You say: Je me lève à huit heures.
You hear: Je me lève à onze heures du matin.

Commencez.
1. se lever /
   Je me lève à 11 heures du matin. /
2. se laver /
   Je me lave le soir avant de me coucher. /
3. s'habiller /
   Je m'habille après le petit déjeuner. /
4. se brosser les cheveux /
   Je me brosse les cheveux après ma douche. /
5. se coucher /
   Je me couche à 2 heures du matin. /
6. se promener /
   Je me promène entre 10 heures et 11 heures du soir. /
7. se brosser les dents /
   Je me brosse les dents après chaque repas. /
8. s'ennuyer /
   Je m'ennuie à la fin du semestre. /
9. s'énerver /
   Je m'énerve avant les examens.

C. Voilà pourquoi. Give a reason for each decision you hear. Then listen to the French speaker.

Modele: Je vais me coucher.
              Il est minuit, je suis fatigué.

Commencez.
1. Je m'arrête de travailler. /
   Je suis mort de fatigue. /
2. Je me lève. /
   Il est huit heures du matin. /
3. Je me change. /
   Je vais dîner avec des amis. /
4. Je me brosse les cheveux. /
   Je vais sortir. /
5. Je me brosse les dents. /
   Je vais chez le dentiste. /
6. Je vais me promener. /
   J'ai fini tous mes devoirs. /
7. Je m'énerve. /
   Je ne comprends pas du tout ce travail. /
8. Je me prépare. /
   C'est l'heure de partir.

D. C'est arrivé à qui? For each item, is the person referring to himself (*moi*) or to someone else (*quelqu'un d'autre*)? Circle your answers.

Commencez.
1. C'était minuit et je venais juste de me coucher. /
2. J'avais dansé toute la nuit, alors je me suis pas réveillé à l'heure. /
3. S'il y a quelqu'un dans la salle de bain, va dans l'autre salle de bains. /
4. Il est quatre heures, tu vas promener le chien? /
5. On était dans un grand café et on s'est bien amusé. /
6. Il n'y avait pas de vendeuse et j'étais si pressé, je m'énerve toujours dans les magasins. /
7. Il est tard. Est-ce que tu peux habiller Martine? /
8. Je m'ennuie... il n'y a rien à faire.

E. Nous à l'université... Describe typical dorm life for an American student. Use the suggested verbs below, adding whatever details you can. The model gives you a suggestion for the first item.

Modèle: se lever
                    Nous nous levons assez tard parce que nous travaillons tard.

Commencez.
1. se lever/
   Nous nous levons tard parce que nous travaillons tard et nous parlons beaucoup le soir. /
2. se laver /
   Nous nous lavons dans les salles de bains parce qu'il n'y a pas de lavabo dans les chambres. /
3. s'amuser /
   Nous nous amusons le vendredi soir, quand le week-end commence. /
4. se promener /
   Nous nous promenons sur le campus entre les cours. /
5. se coucher/
   Nous nous couchons très tard parce qu'il y a beaucoup de travail. /
6. s'énerver /
   Nous nous énervons au moment des examens parce que les examens c'est sérieux. /
7. s'arrêter /
   Nous nous arrêtons de travailler en mai ou en juin, quelquefois avant.

F. Qui le fait? Say who you think would be most likely to do each thing. Then compare your answers with those on the tape. Do you agree or not?

Modèle: se lever à quatre heures du matin /
                    Le boulanger se lève à quatre heures du matin. /

Commencez.
1. se coucher à dix heures du soir /
   Mes grands-parents se couchent à dix heures du soir. /
2. se laver trois fois par jour /
   Je me lave trois fois par jour. /
3. s'amuser beaucoup le vendredi soir /
   Nous nous amusons beaucoup le vendredi soir. /
4. s'énerver chez le dentiste /
   Je m'énerve chez le dentiste. /
5. se regarder toujours dans la glace /
   Les mannequins se regardent toujours dans la glace. /
6. se promener dans les rues de la ville /
   Les touristes se promènent dans les rues de la ville. /

7. s'arrêter de travailler à cinq heures du soir /
   Les secrétaires et les vendeuses s'arrêtent de travailler à cinq heures du soir. /
8. se coiffer avant de sortir dans la rue /
   Les jeunes filles se coiffent avant de sortir dans la rue.

G . Quelques suggestions plus ou moins amicales. First, read the sentences below. On the tape, you will hear some commands. Next to each item, write the number of the command that seems appropriate. The first one is done for you.

Commencez.
1. Arrête-toi! /
2. Habille-toi! /
3. Couche-toi! /
4. Lave-toi! /
5. Brosse-toi les dents! /
6. Ne t'énerve pas!

H . Et vous? What would you say in the following circumstances if you were in charge? Read the sentence, react using one of the suggested verbs in the imperative, then listen to what the speaker says. Are your reactions alike or different?

se changer, s'énerver, se coucher, se promener, se laver, s'amuser, se lever

Modèle: Il est minuit et tout le monde est fatigué.
               Couchez-vous. On est fatigué.

Commencez.
1. Il est huit heures et vos amis ont cours à neuf heures! /
   Levez-vous! /
2. Vos amis partent en pique-nique. /
   Amusez-vous bien! /
3. Vos amis attendaient, mais maintenant la salle de bains est libre. /
   Lavez-vous! J'ai fini. /
4. Il fait un beau soleil. /
   Promenez-vous! /
5. Vos frères sont impatients. /
   Ne vous énervez pas! /
6. Vous allez dîner en ville ce soir mais vos amis portent des jeans. /
   C'est un restaurant élégant. Changez-vous!

I. Direct ou indirect? Do you hear an indirect object pronoun or a direct object pronoun? Circle your answers.

Commencez.
1. Il l'appelle. /
2. Je lui parle. /
3. Nous les regardons. /
4. Vous le voulez. /
5. Elles le disent. /
6. Tu lui demandes. /
7. Je leur parle. /
8. Vous les lisez. /
9. Vous leur avez écrit.

À l'écoute de...

A. Est-ce qu'elle a changé? How do people change over a long period of time? Think of some things you would ask about the life of a friend you haven't seen in a long time.

Now listen to the conversation between two women talking about a mutual friend whom they haven't seen in years. Fill in the information about this friend, using either French or English.

Commencez.
— A propos, tu sais qui j'ai rencontré?
— Non, qui?
— Nadine, Nadine Séloron. Tu te souviens?
— C'est pas vrai! Où ça? Ici?
— Non, pendant les vacances. On a parlé un grand moment et on a parlé du passé, du lycée, de tout quoi!
— Comment tu l'as reconnue?
— Elle a pas beaucoup changé. Tu te souviens comme elle était maigre? Ça, c'est fini, elle est bien maintenant... pas grosse, mais bien, quoi! juste comme il faut!
— Elle était très élégante!
— Ah bien oui, elle est encore très élégante, comme autrefois. Elle était toujours si bien habillée. Tu te rappelles?
— Oh oui! Elle doit aller dans les magasins chers ... Mais de jolies choses, simples, pas des vêtements extraordinaires.
— Oui c'est pour ça qu'elle était différente. Elle était toujours à la mode. Même à 14 ans. Quand nous, on était toutes gauches et embarrassées, elle, elle était chic et originale. Elle portait souvent des pantalons.
— Maintenant encore. Elle était en pantalon, les deux fois que je l'ai vue. On a beaucoup ri, elle avait beaucoup d'histoires à me raconter.

— Je crois que c'est sa personalité. Elle était ainsi avec tout le monde et tout le monde l'aimait beaucoup. Elle était si belle et si amusante.

— En tout cas elle est toujours très belle. Quand elle entre au restaurant tout le monde la regarde.

— Est-ce qu'elle a vieilli?

— Maintenant elle a les cheveux blancs, d'un beau blanc, et comme elle est bronzée, c'est magnifique.

— Oui, mais elle était pas très brune! Elle habite toujours à Nancy?

— Non, elle habite à Cannes. C'est là que je l'ai rencontrée. Je suis allée chez elle.

— Elle avait des enfants, je crois?

— Oui, mais ils sont grands maintenant, ils n'habitent plus à la maison. Je ne sais pas ce qu'ils font.

— Et son mari?

— Je l'ai vu le lendemain, quand je suis allée chez eux. Lui, il a beaucoup changé. Il fait très âgé, et il est devenu gros. Il n'a plus de cheveux, mais plus du tout ...

B . Après l'écoute. Est-ce qu'elles aiment cette personne? Pourquoi?

Leçon 16

Vocabulaire

l'amour /
le couple /
le divorce /
la fin /
une histoire /
se demander /
se dépêcher /
se disputer avec /
divorcer /
embrasser /
s'endormir /
s'entendre bien avec quelqu'un /
s'entendre mal avec quelqu'un /
se marier avec /
s'occuper de /
quitter /
raconter /
se reposer /
se retrouver /
se souvenir de /
se tromper de /
voir /
amoureux de, amoureuse de /
jaloux, jalouse /
patient, patiente /
à cause de /
faire attention /
longtemps /
pendant que /

que /
quelque chose d'intéressant /
quelqu'un d'intéressant /
qu'est-ce qui se passe? /
tomber amoureux, amoureuse de /
un coup de foudre /
un fiancé, une fiancée /
la lune de miel /
un ménage /
la patience /
une rencontre /
se fiancer /
se réconcilier /
se séparer /
tromper /
déçu, déçue /
enceinte /
fidèle à /
infidèle /
au Maroc /
avoir bon caractère /
avoir mauvais caractère /
sortir avec /
sortir ensemble /
draguer /
un dragueur /
faire gaffe /
génial! /
super!

Les sons du français

A. Le e caduc,/ə/.This is the sound heard in *je* or *venir*. In spoken French, the/ə/can usually be deleted if it will not cause three or more consonants to come together in a word. Listen and repeat.

Commencez.
1. vendredi /
    samedi /

2. premier /
   fenêtre /
3. probablement /
   enveloppe

B . En parlant. In normal spoken French, the sound/ə/is frequently dropped. Listen to the speaker and cross out each/ə/that is dropped. Then rewind the tape and repeat after the speaker.

Commencez
1. Je n' sais pas. /
2. Est-c' que c'est Patrick? /
3. J'te dis la vérité. /
4. Parc' que j' te l' dis.

C . Les mots en qu-. Words like *qui* or *que* are always pronounced as if they began with a k-sound. Listen and repeat.

Commencez.
1. Qu'est-ce que tu dis? /
2. Attends! Ne quitte pas, il y a quelqu'un à la porte. /
3. Comment? Quand? Quelle date? Le quatorze? Non, le quinze, d'accord!

Les sons et les mots

A . L'amour ou la haine? Do these words relate to love or to hate? Circle your answers.

Commencez.
1. le divorce /
2. s'entendre bien avec quelqu'un /
3. tomber amoureux de quelqu'un /
4. se séparer /
5. se disputer /
6. la lune de miel

B . Quel verbe? Which verbs in the list below are related in meaning to the words on the tape? Compare your answers with those on the tape. Do they agree or not?

se disputer, s'embrasser, se marier, s'adorer, s'entendre bien, quitter, sortir ensemble, se séparer, s'aimer, s'entendre mal

Commencez. /
1. un divorce /
   se disputer, quitter, se séparer, s'entendre mal /

2. la lune de miel /
   se marier, s'adorer, s'entendre bien, se disputer, s'embrasser /
3. le coup de foudre /
   s'adorer, sortir ensemble, se marier /
4. un couple /
   se disputer, s'aimer, s'entendre bien, s'entendre mal

C. Le coup de foudre. Are these people in love or not? Circle your answers.

Commencez.
1. Elle est belle comme le jour. /
2. Elle a des yeux bleus comme le ciel. /
3. Elle est jalouse et impossible à vivre. /
4. Elle est compréhensive. /
5. Il est beau comme un dieu. /
6. Il est jaloux et égoïste. /

D. Les étapes d'amour. Listen and say what "stage" each relationship is in. Then, compare your answers with those on the tape.

Suggestions: *Ils se rencontrent. C'est la lune de miel. Ils se disputent. On est jaloux. Ils se séparent. Ils divorcent. Ils se réconcilient.*

Commencez.
1. — Non, non, non, c'est à cause de moi, pas de toi.
   — Mais non, ou enfin, peut-être oui, mais ça ne fait rien. C'est fini tout ça! /
   Ils se réconcilient. /

2. — C'est une chambre magnifique, tu trouves pas? Regarde un peu...
   — Oui... et l'hôtel.... la piscine.... les restaurants... on va passer une semaine superbe! /
   C'est la lune de miel. /

3. — Pardon! Je m'excuse! Mais, c'est Nicole, n'est-ce pas?
   — Non, c'est Martine. C'est ma soeur qui s'appelle Nicole. /
   Ils se rencontrent. /

4. — Regarde! Il est minuit et tu m'avais dit que tu rentrais avant 10 heures.
   — Euh... oui, mais je travaillais, et puis...
   — Ah bon, tu travaillais ..., avec qui? Elle est blonde? Elle est belle? /
   On est jaloux. /

5. — Bon, alors, si c'est comme ça, moi je pars.
   — Bon, eh ben, pars ... tu sais où est la valise, non? /
   Ils se séparent. /

6. — Écoute, on va pas se disputer, mais tu sais c'est pas vrai! Mais, pas vrai du tout!.
— Comment, c'est pas vrai? Bien sûr que si, c'est vrai! Tu dis toujours le contraire ... /
Ils commencent à se disputer. /

7. — Écoute, j'ai parlé à un avocat et il m'a dit que ce ne sera pas trop difficile.
— Bon, d'accord. J'ai rendez-vous avec Maître Robert demain. On peut en parler après. /
Ils divorcent.

E. Réciproque ou non? Are these verbs reciprocal or not? Circle your answers.

Commencez.
1. Ils vont se marier demain. /
2. Ils se donnent la main. /
3. Il vous aime. /
4. Elles s'entendent très mal. /
5. Nous vous avons appelés. /
6. Nous nous disputons toujours. /
7. Nous nous appelons tous les jours. /
8. Nous nous appelons Raimanchu.

F. Christophe et Valérie à Marrakech. Use the suggestions below to describe the relationship between Christophe and Valérie during their stay at Marrakech. Compare your answers with those on the tape.

Commencez.
1. se parler /
   Ils se parlent pendant des heures. /
2. se disputer /
   Ils ne se disputent jamais! /
3. s'embrasser /
   Ils s'embrassent sur la plage. /
4. s'entendre bien /
   Ils s'entendent très, très bien. /
5. s'aimer /
   Ils s'aiment à la folie!

G. Pendant que ou pendant? Are two events happening at the same time (*actions simultanées/pendant que*) or is the speaker talking about how long something took (*durée/pendant*)? Circle your answers.

Commencez.
1. On habite à Dijon pendant l'année, mais pendant l'hiver on va à Cannes chez ma grand-mère. /

2. Je suis venu vous voir pendant que vous étiez absente ... juste pour bavarder. /
3. J'ai attendu l'autobus pendant au moins une heure, je suis furieuse. /
4. Ah! mais non, tu ne regardes pas la télé pendant que tu fais tes devoirs. /
5. Tiens, pendant que tu étais en ville, j'ai commencé le dîner. /
6. Écoute, tu as parlé au téléphone pendant une heure... Quand même, c'est cher le téléphone...

H . Pendant combien de temps? Use *pendant* along with the suggestions below to say how long each person has been doing the thing mentioned. Then compare your answers with those on the tape.

Modèle:　　　Paul / parler au téléphone / deux heures
　　　　　　　Paul a parlé au téléphone pendant au moins deux heures hier soir! Ça va coûter cher!

Commencez.
1. Colette / étudier le piano / 3 ans //
   Colette a étudié le piano pendant 3 ans et puis elle a arrêté. /
2. Jean-Pascal / travailler à la bibliothèque / toute la nuit //
   Jean-Pascal a travaillé à la bibliothèque pendant toute la nuit, mais il n'a pas réussi à l'examen! /
3. Nous / rester au bord de la mer / les vacances //
   Nous sommes restés au bord de la mer pendant les vacances. C'était chouette! La plage, le soleil, et tout et tout! /
4. Je / marcher sous la pluie / une heure //
   J'ai marché sous la pluie pendant une heure, mais j'aime beaucoup ça.

I.　Quelqu'un ou quelque chose? Are these people talking about people or things? Circle your answers.

Commencez.
1. Moi, je ne vois rien d'intéressant ici. On y va? /
2. Je pense qu'il y a quelqu'un de malade dans l'avion. /
3. Je n'ai rien vu de bon à la télé cette semaine. /
4. Si tu vois quelque chose de bizarre, dis-le-moi. /
5. Hier soir, à la fête, il n'y avait personne de bien habillé. /
6. Il y a toujours quelque chose de vrai dans ce que disent les enfants.

Les mots et les phrases

A . Quel temps? What tense is the verb *voir* in? Circle your answers.

Commencez.
1. Je t'ai vu. /
2. Nous les voyons. /
3. Il vous voit. /
4. Vous la voyez. /
5. Je la voyais. /
6. Tu les voyais. /
7. Tu vois! /
8. Tu l'as vu?

B . De la fenêtre... Say what these people see from their windows. Compare your answers with those on the tape.

Modèle: Michel / le jardin
             Michel voit le jardin.

Commencez.
1. Danielle / un chien et un chat /
   Danielle voit un chien et un chat. /
2. Nous / des voitures dans la rue /
   Nous voyons des voitures dans la rue. /
3. Tu / des enfants qui jouent à cache-cache
   Tu vois des enfants qui jouent à cache-cache. /
4. Je / une piscine. /
   Je vois une piscine. /
5. Vous / le balcon de M. et Mme Durand /
   Vous voyez le balcon de M. et Mme Durand /
6. Mes soeurs / des arbres /
   Mes soeurs voient des arbres.

C. C'est l'amour ou c'est la guerre? Is it love or war? Listen and circle your answers.

Commencez.
1. Incroyable, Jean-François m'a demandé de sortir avec lui et il est si beau!/
2. On va passer notre lune de miel au Maroc. Ça va être formidable. /
3. On n'arrête pas de se disputer, ça peut plus continuer comme ça. /
4. C'est difficile à croire, mais quand je l'ai vue, ç'a été le coup de foudre. /
5. Elle n'est jamais contente, et elle est jalouse... c'est pas possible. J'en ai assez. /
6. Marie m'a invité chez ses parents; cette fois-ci, c'est sérieux. /
7. Tu sais quoi? Je crois qu'on va se fiancer bientôt. /

8. C'est de qui ces fleurs? Luc? Tu sais, il est en train de tomber amoureux. /
9. La vie de ménage est impossible. Il faut toujours être à la maison, je peux plus voir les copains, faut faire les courses, aider dans la cuisine. /
10. C'est pas vrai, j'suis pas jalouse, mais tu n'es jamais à la maison quand j'ai besoin de toi.

D. Les problèmes de ménage. Is there any hope for Olivier and Nicole? Complete each item. Then listen to the speaker on the tape.

Commencez.
1. Ils se disputent parce que ... /
   Ils se disputent parce que Nicole n'est jamais contente. /
2. Et aussi parce que ... /
   Et aussi parce qu'Olivier ne fait rien à la maison. /
3. Ils veulent se séparer parce que ... /
   Ils veulent se séparer parce qu'ils ne s'entendent plus. /
4. Et aussi parce que ... /
   Et aussi parce qu'ils se disputent tout le temps et la vie de ménage est impossible. /
5. Ils vont se réconcilier parce que ... /
   Ils vont se réconcilier parce qu'ils sont jeunes. /
6. Et aussi parce que ... /
   Et aussi parce qu'ils s'aiment beaucoup et ils ne veulent vraiment pas se séparer.

E. Quand est-ce que ça s'est passé. Are the things the speaker is talking about happening now (*présent*), have they already happened (*passé*), or are they going to happen (*futur*)? Circle your answers.

Commencez.
1. Tu sais où ils se sont rencontrés? /
2. Vous savez la nouvelle? Mon frère va se marier dans deux mois. /
3. Je ne sais pas si c'est vrai, mais il paraît que le prof de maths est en train de divorcer. /
4. Les Debrion, tu connais, ce sont ces gens qui se sont disputés pendant le concert? /
5. Zut, ce réveil.... Je me lève pas; je vais me reposer jusqu'à 8 heures. /
6. Bien sûr, vous ne vous êtes pas dépêché, alors pas de train... /
7. Oh! zut, je me suis trompé de livre. /
8. À la fin du film ils se sont embrassés pendant 2 bonnes minutes. /
9. Nous allons nous retrouver devant le restaurant à huit heures et quart. /
10. Je ne m'en souviens plus... toi, tu t'en souviens?

F. Le rêve de Michel. Use the suggestions below to tell Michel's version of the ideal love story. Then listen to what Michel has to say.

You hear: se rencontrer
You say: On va se rencontrer un jour.
You hear: On va se rencontrer sur la plage.

Commencez.
1. se rencontrer /
   On va se rencontrer sur la plage. /
2. avoir le coup de foudre /
   Elle va avoir le coup de foudre pour moi. /
3. sortir ensemble
   On va sortir ensemble tous les soirs et se promener sur la plage. /
4. s'embrasser /
   On va s'embrasser dans le parc, sous les arbres, assis sur un banc. /
5. s'aimer /
   On va s'aimer beaucoup, et on va passer tout notre temps sur un banc. /
6. se marier /
   Alors on va décider de se marier et d'acheter un appartement. /
7. s'occuper de /
   Moi, je vais m'occuper des courses et elle, elle va s'occuper du ménage. /
8. s'entendre bien /
   On va s'entendre parfaitement, tout le temps. /
9. se disputer /
   On ne va pas se disputer, c'est trop triste. /
10. se réconcilier /
    Et même quand on se dispute, on va se réconcilier aussitôt.

G. Racontez. The people you are going to hear are being asked to tell what happened on their first date, but the taped interviews have been mixed up. Does each item make sense or not? Circle your answers.

Commencez.
1.
    — Est-ce que ça a été le coup de foudre pour vous?
    — Eh bien voilà, moi je suis professeur et Mathilde est mathématicienne. /

2.
    — Où est-ce que vous vous êtes rencontrés?
    — À la bibliothèque universitaire, au rayon des dictionnaires étrangers. /

3.
    — Vous êtes allés au restaurant ou au cinéma?
    — Tu sais, on était étudiant et on n'avait pas beaucoup d'argent.... alors le cinéma c'était parfait. /

4.

— À quelle heure vous vous êtes retrouvés?

— Si vous voulez, c'est une bonne heure. /

5.

— Est-ce que c'était la première fois que vous sortiez ensemble?

— Pas exactement, on se connaissait déjà, mais on n'était jamais sortis tous les deux tout seuls. /

6.

— Est-ce que vous vous êtes retrouvés chez elle?

— Eh bien on s'est donné rendez-vous au café parce que je voulais pas rencontrer ses parents. /

7.

— Est-ce qu'il vous a embrassée à la fin de la soirée?

— Pas question! Je me laisse pas embrasser comme ça! /

8.

— Est-ce que tu étais timide, ... nerveux, quoi?

— Ah, mais non, je suis très heureux de faire votre connaissance. /

9.

— De quels sujets avez-vous parlé?

— Je ne me souviens plus du tout, mais moi je ne parlais pas beaucoup, c'est Jean-Louis qui faisait la conversation.... /

10.

— Qu'est-ce que vous avez dit quand vous vous êtes quittés?

— Tiens, ça va toi, aujourd'hui?

À l'écoute de ...

A. **The Dating Game.** Imagine that you're a contestant on *The Dating Game*. What kind of information would you want to have before you made a choice? Prepare four questions.

B. **On joue.** Listen as Édith plays the *Dating Game*. First, listen to identify the questions that Édith is asking. To which man is each question directed? What answers does she get?

Commencez.

Meneur de jeu: Bon, alors Mademoiselle, vous allez pouvoir poser 10 questions en tout à chaque jeune homme et puis vous allez décider avec lequel vous voulez sortir ce soir. Vous ne pouvez pas voir le jeune homme, et vous n'avez que ces 10 questions pour vous aider... alors, allez-y! Messieurs, répondez à Édith. Vous pouvez dire ce que vous voulez... mais Édith prend des notes... Attention... /

Édith: Est-ce que je pose 10 questions à chaque jeune homme ou 10 questions en tout? /

Meneur de jeu: Ah, non, non, vous avez 10 questions en tout... alors pas de bêtises, réfléchissez bien, vous avez 10 chances pour découvrir le jeune homme ideal. /

Édith: Jeune homme numéro un, est-ce que vous êtes beau? /

Jeune homme 1: Ah mais bien sûr. Toutes les femmes tombent amoureuses de moi. Je suis un vrai Don Juan. Grand, beau, sportif, je suis brun, j'ai les yeux très noirs et je suis bien bronzé parce que je travaille à la piscine. Mais je suis très gentil aussi... et très sérieux. Je ne m'amuse pas avec les filles. Je cherche la fille idéale pour me marier. /

Édith: Jeune homme numéro 2. Qu'est-ce que vous faites dans la vie? /

Jeune homme 2: Je travaille dans une banque, je suis au service des investissements. Je ne gagne pas encore beaucoup d'argent, parce que je commence... Mais je vais gagner beaucoup d'argent bientôt et je voudrais devenir un grand banquier. /

Édith: Jeune homme numéro quatre, qu'est-ce que vous faites quand vous ne travaillez pas? /

Jeune homme 4: Oh, pas grand-chose... Je sors avec des copains, on va au café. Le dimanche je regarde les matchs à la télé... J'aime aussi le foot. Alors c'est... euh... Le dimanche, y a pas beaucoup à faire... Pendant la semaine y a pas beaucoup de temps. Quand j'arrive à la maison, j'suis trop fatigué, je mange et hop! au lit... jusqu'au lendemain matin. Alors vous comprenez, moi, le week-end... j'aime faire ce que je veux. /

Édith: Jeune homme numéro 3, où habitez-vous? /

Jeune homme 3: J'habite dans un petit studio, dans une cité résidentielle. Avant, j'habitais chez mes parents et j'en avais marre. J'étais pas libre. J'avais pas de liberté. Je voulais mon indépendance. C'est pas grand, mais c'est neuf. C'est un studio avec une salle de bains et une petite cuisine. J'aime bien, je suis chez moi. J'ai pas besoin de dire où je vais, ni ce que je fais... /

Édith: Jeune homme numéro un, quelle sorte de jeune fille aimez-vous? /

Jeune homme 1: Oh, je les aime toutes. Si elles sont jolies... et bien habillées. J'aime pas les filles fortes... je les aime élégantes, minces. Oui, minces et élégantes. C'est ça. J'aime les filles très féminines, bien fardées et bien habillées.

Édith: Le type poupée à la Marilyn Monroe, ou / Catherine Deneuve, quoi... Je vois. Jeune homme numéro 3. Quelle est la femme idéale pour vous? /

Jeune homme 3: Oh, la femme idéale... La femme idéale... Je ne sais pas si elle existe ... Je n'y ai pas beaucoup pensé... Je préfère les vraies femmes, les femmes vivantes... celles qui parlent, qui rient... qui sont gentilles, simples, pas compliquées. Mais sérieuses aussi, pas les filles qui sont toujours en train de flirter et qui ne pensent qu'à leur rouge à lèvres ...

Édith: Je vois. Bon! Jeune homme numéro 2, est-ce que vous êtes timide?

Jeune homme 2: Moi, oh non!, pas du tout! Vous savez, dans mon travail, faut être agressif pour réussir... pas le temps d'être timide. D'ailleurs, j'aime les situations claires, je suis direct, moi! Je suis comme ça!.

Édith: Ah, bon! très bien. Alors, c'est vous qui décidez pour tout?

Meneur de jeu: Mademoiselle, Mademoiselle, c'est une question ça... Attention! vous n'avez plus que trois questions!

Édith: Bon, d'accord. C'est une question, j'ai besoin de savoir...

Jeune homme 2: Comme j'ai l'habitude de décider dans mon travail, oui, c'est toujours moi qui décide... et c'est mieux comme ça. Comme ça on perd pas de temps et tout le monde est content.

Édith: Ah oui, vous pensez vraiment? Jeune homme numéro 4, est-ce que vous avez des soeurs?

Jeune homme 4: Oh, oui, on est une famille nombreuse. J'ai quatre soeurs. Elles sont toutes plus jeunes que moi, mais elles sont très différentes. Elles veulent gagner beaucoup d'argent et y'a que l'argent qui compte pour elles... Moi, j'aime pas me bousculer, je travaille assez pendant la semaine. /

Édith: Jeune homme numéro 3. Imaginez que vous avez un rendez-vous avec une jeune fille ce soir. Qu'est-ce que vous allez faire?

Jeune homme 3: Bon, ben... d'abord je vais la chercher à la sortie de son travail ou chez elle. Et puis peut-être pour commencer on va au café de la Liberté pour l'apéritif. Y'a mes copains et mes copines là et on s'y retrouve tous les jours après les cours pour discuter. Comme ça c'est plus facile au début pour faire la conversation et puis elle peut voir mes copains. C'est important les copains, nous on fait beaucoup de choses ensemble. Le dimanche, les vacances... Et après ça, bien sûr, on fera ce qu'elle veut faire. Aller au ciné, ou au restaurant... Et voilà, après ça, je la ramène chez elle. Mais rien de trop sérieux pour commencer.

Meneur de jeu: Merci beaucoup, Messieurs. Eh bien, Mademoiselle, vous avez fait votre choix? Qui est l'heureux jeune homme que vous avez choisi?

C. À la place d'Édith... If you were Édith, which young man would you choose? Why? Write down your reasons.

Leçon 17

Vocabulaire

un acteur, une actrice /
une chanson /
un chanteur, une chanteuse /
une comédie /
une concert /
le début /
un dessin animé /
un documentaire sur /
une émission /
un feuilleton /
un film d'amour /
un film d'aventure /
un film de science-fiction /
un film d'épouvante /
un film policier /
les informations /
une interview /
un jeu télévisé /
le journal télévisé /
une personnalité de la télévision ou du
   cinéma /
une pièce de théâtre /
une soirée /
une station /
un téléfilm /
un western /
célèbre /
comique /
ennuyeux, ennuyeuse /
étranger, étrangère /
grave /
même /
tragique /
violent, violente /
apprendre à /

comprendre /
connaître /
devenir /
durer /
montrer /
passer /
permettre de /
promettre quelque chose à quelqu'un /
revenir /
savoir /
surprendre /
à la radio, à la télévision /
avoir peur de /
une chaîne /
une émission de variétés /
le goût /
un magnétoscope /
un programme /
un reporter /
une série /
une speakerine /
international, internationale, internationaux,
    internationales /
national, nationale, nationaux, nationales /
annoncer /
ça me fait peur /
en même temps /
faire peur à /
il n'y a personne de sympathique /
il n'y a rien de comique /
quand même /
avoir la trouille /
avoir le frousse /
zapper

Les sons du français

A. Les Français parlent. In rapid, informal speech, words tend to be shortened and to run together. In English, for example, you might say, *I duh know, How 'bout you,* or *Whatcha doin' t'night?* Similar things happen when people speak French. Listen.

Commencez.
1. Moi, je ne sais pas. /
   Moi, chais pas. /
2. Tu as vu l'accident? /
   T'as vu l'accident? /
3. Il y a six pommes. /
   Y'a six pommes. /
4. Tu es sûr? /
   T'es sûr? /
5. Qu'est-ce qu'il dit? /
   Qu'est-ce qu'i dit? /
6. Oui, ce n'est pas mal! /
   Ouais, c'est pas mal! /
7. Je suis de Paris. /
   Chuis de Paris.

B. Perfectionnez votre français! Remember that French vowels are clear sounds, even when spoken rapidly as in A above! Repeat after the speaker.

Commencez.
1. Quelle heure est-il? /
2. Il est six heures et demie. /
3. D'où es-tu? /
4. Je suis de Paris. /
5. Vous parlez anglais? /
6. Non, nous parlons italien.

Les sons et les mots

A. De quoi parle-t-on? Are these people talking about radio, television, or the movies? Circle your answers.

Commencez.
1.
   — Qu'est-ce qu'il y a au programme ce soir?
   — Juste après les informations, y'a un documentaire sur les animaux. Ça t'intéresse?
   — Bof... pas tellement, je préférerais quelque chose de plus amusant.

2.

    — Eh, dis, tu as entendu le débat politique l'autre jour sur RTL... c'était une vraie bataille...

    — Oui, j'ai écouté l'émission. Dommage qu'on n'avait pas les images parce que ça devait être un vrai match de boxe. /

3.

    — Tu as l'air en colère, pourquoi?

    — Ah, oui, je suis furieux. Parce que hier soir la speakerine a annoncé un match de foot à 20 h 30 et comme je sortais le soir, j'ai branché le magnétoscope pour 20 h 30 et tu sais quoi? Le match a commencé à 8 heures! À cause de cette speakerine idiote, j'ai raté une demi-heure du match! /

4.

    — Finalement, tu y es allée hier soir?

    — Oui, je suis allée voir le dernier film de Fellini. C'était super... surtout sur grand écran... c'est grandiose... et puis au moins là le film n'est pas coupé par la pub!

B . Associations. Give a word or words that you associate with each item. Then compare your answers with those on the tape.

Commencez.
1. une chaîne /
   la télévision /
2. une speakerine /
   la télévision /
3. un film /
   le cinéma, la télévision /
4. une station /
   la radio /
5. une émission /
   la radio, la télévision /
6. une journaliste /
   la télévision, la radio /
7. un feuilleton /
   la télévision /
8. un acteur /
   le cinéma, la télévision /
9. un dessin animé /
   la télévision, le cinéma

C. Qu'est-ce que c'est? Identify each item using a word or phrase from the list below. Then try to add more information. Compare your answers with those on the tape.

un film d'aventure, une émission française, un film, une pièce de théâtre, un feuilleton, un jeu

Commencez.
1. *Macbeth* /
   Une pièce de théâtre. C'est une pièce de théâtre de Shakespeare ... une tragédie. /
2. *Annie Hall* /
   Un film ... de ... Woody Allen. C'est l'histoire d'un couple de New York. /
3. *Rambo* /
   C'est un film d'aventure ... avec beaucoup de violence. /
4. *Santa Barbara* /
   Un feuilleton. Oui, c'est un feuilleton américain qui passe aussi à la télévision française. /
5. *La Roue de la fortune* (Wheel of Fortune) /
   Oui, c'est un jeu où on peut gagner beaucoup de cadeaux. Il y a 3 candidats, un présentateur/ animateur et une jeune femme qui tourne les lettres. /
6. *le Magazine Jacques Cousteau* /
   C'est une émission française. C'est un documentaire sur la mer.

D. Il n'est jamais trop tard pour bien faire. It's never too late to do better. Say this, following the model. Then, compare your answers with those on the tape.

Modèle: Tu n'es pas venu aujourd'hui?
            Non, mais je vais venir demain.

Commencez.
1. Tu n'as pas appris tes leçons aujourd'hui?/
   Non, mais je vais les apprendre demain. /
2. Son père ne lui a pas permis de sortir hier soir? /
   Non, mais il va lui permettre de sortir demain. /
3. Vous n'avez pas mis votre nouvelle cravate hier? /
   Non, mais je vais la mettre demain. /
4. Tu n'as pas compris le professeur aujourd'hui? /
   Non, mais je vais le comprendre demain. /
5. Tu n'es pas revenu hier? /
   Non, mais je vais revenir demain. /
6. Les enfants n'ont pas surpris leurs parents? /
   Non, mais ils vont les surprendre demain. /
7. Tu ne lui as pas promis de le faire? /
   Non, mais je vais lui promettre de le faire demain. /
8. Candide n'est pas devenu célèbre? /
   Non, mais il va devenir célèbre demain.

Les mots et les phrases

A . De quoi parle-t-on? What are they talking about? Circle your answers.

Commencez.
1. Je la connais. /
2. Je le sais. /
3. Tu les connais? /
4. Je ne sais pas.

B . Je sais tout! Use *savoir* to say what you know.

Modèle: le présent du verbe savoir?
                  Oui, je le sais!

Commencez.
1. le numéro de téléphone de Valérie? /
   Oui, je le sais! /
2. l'adresse du professeur? /
   Oui, je la sais! /
3. pourquoi il s'est marié avec sa femme? /
   Oui, je le sais! /
4. que Claudine a perdu son chien et son chat? /
   Oui, je le sais!

C . Et je connais tout le monde? Use *connaître* in the present to say who you know or don't know.

Modèle: la fiancée de Paul?
                  Oui, je la connais. / Non, je ne la connais pas.

Commencez.
1. mon prof de français? /
   Oui, je le connais. /
2. ma grand-mère? /
   Oui, je la connais. /
3. les cousins de Chantal? /
   Non, je ne les connais pas. /
4. Alceste et Candide? /
   Non, je ne les connais pas.

D. Écoutez bien. Listen once and circle the verb that you heard. Then listen a second time and circle the tense it is in.

Commencez.
1. Quand j'étais en France, je connaissais bien Jean-Paul. /
2. Olivier et Éric ont connu mes amis à l'aéroport. /
3. Quand j'étais jeune, je savais très bien danser. /
4. Quand Mireille habitait à Paris, elle connaissait la ville comme sa poche. /
5. J'ai tout de suite su que mon frère ne m'avait pas dit la vérité. /
6. Quand papa a su que je n'avais plus d'argent, il m'a aidé. /
7. J'ai connu cet acteur pendant le tournage de son dernier film. /
8. Nous savions que sa soeur était malade.

E. Pronom ou nom? Do these sentences contain the pronoun *en* or a noun? Circle your answers.

Commencez.
1. Il n'en a jamais beaucoup parlé, tu sais. /
2. Je voudrais en acheter trois si c'est possible. /
3. Je n'en ai pas assez. /
4. Mes parents n'ont pas beaucoup d'argent. /
5. La chance? Oh, je n'en ai pas, alors... /
6. Nous avons beaucoup de choses à faire aujourd'hui. /
7. Est-ce que tu en as besoin aujourd'hui? /
8. Tous les ans, les professeurs ont besoin de vacances.

F. Dans le sac de Claudine. Use *en* to say what Claudine has in her purse. Compare your answers with those on the tape.

Modèle: Est-ce que Claudine a une montre?
            Oui, elle en a une. /
            Est-ce qu'elle a un cahier?
            Non, elle n'en a pas.

Commencez.
1. Est-ce que Claudine a des crayons? /
   Oui, elle en a. Elle en a trois. /
2. Est-ce qu'elle a une carte d'identité? /
   Oui, elle en a une. /
3. Est-ce qu'elle a un couteau? /
   Oui elle en a un. /
4. Est-ce qu'elle a des oranges ou des pommes? /
   Non, elle n'en a pas. /

5. Est-ce qu'il y a de l'argent dans son sac? /
   Oui, il y en a. /
6. Est-ce qu'elle a un stylo? /
   Non, elle n'en a pas. /
7. Est-ce qu'elle a un peigne? /
   Oui, elle en a un. /
8. Est-ce qu'elle a des photos? /
   Non, elle n'en a pas.

G. Grand ou Grand? Listen to the following sentences. First read the adjectives in column 1, then listen to the sentence on the tape and as you hear the sentence, circle the appropriate meaning of the adjective.

Commencez.
1. Nous avons besoin d'un grand homme comme président. /
2. Son copain l'a quittée, la pauvre fille. /
3. J'ai touché mon chèque, je vais aller dans un magasin cher. /
4. Tu n'as pas les mains très propres, va te laver... /
5. Attends! Paul veut téléphoner à sa chère amie... il n'est pas prêt. /
6. Zut! J'ai un devoir à faire pour le dernier jour de classe. /
7. Prends ta propre voiture, ne prends pas la mienne. /
8. Quand est-ce que tu m'as téléphoné, la semaine dernière ou avant?

H. Et encore?... Repeat each statement adding the information given.

You hear:	J'ai acheté une voiture.
You say:	une grande voiture?
You hear:	Oui, une grande voiture!

Commencez.
1. J'ai une grand-mère. /
   Oui, une jeune grand-mère. /
2. Nous avons un prof de maths. /
   Oui, un bon prof de maths. /
3. Il a trois maisons. /
   Oui, trois belles maisons. /
4. Il a trois maisons. /
   Oui, trois maisons chères. /
5. Je lui ai apporté un cadeau. /
   Oui, un beau cadeau. /
6. Tu aimes ces meubles? /
   Oui, ces vieux meubles.

À l'écoute de ...

A. Ce soir, on va au cinéma. Everybody went to the movies last night. What film did each person see? What kind of film was it? Did they like it or not? Listen and fill in the chart.

Commencez.

1.
Alors Alain, qu'est-ce que tu as vu hier soir?

Hier soir... eh ben ... moi, j'ai vu un film extra. C'est le dernier film de Lelouch et c'est un de ses meilleurs. Ça s'appelle *Attention bandits*. Ça raconte l'histoire d'un père et de sa fille qui se rencontrent après 10 ans de séparation. Mais le problème, c'est que le père, lui, est un gangster et il vient de passer 10 ans en prison... La pauvre fille, elle ne comprend rien, elle est prise entre les bandits et la police. C'est vraiment un film super, avec un bon scénario et des acteurs très doués. /

2.
Et toi Jérôme, tu as vu ça aussi?

Ah non. Moi, je suis allé voir un film d'aventure. Je n'ai rien compris à l'histoire. Le film s'appelle *Ben Hur*, c'est avec Charlton Heston. Vous voyez, les acteurs sont bien, mais l'histoire, j'ai pas aimé. C'était trop compliqué./

3.
Et Corinne qu'est-ce que tu as vu?

Oh, moi, c'est bien simple, j'adore les histoires d'amour au cinéma. Une copine m'avait dit que le film *Pierre et Djemila* était bien, alors je suis allée le voir avec ma mère hier soir. C'est un film sublime,... c'est... c'est très beau, quoi! et puis, ma mère et moi, nous avons beaucoup pleuré. Le film, c'est une histoire d'amour impossible entre un jeune Français et une jeune fille arabe. C'est beau mais ça fait pleurer. /

4.
Tu as vu ce film toi aussi Laurence?

Non, mais je n'oublierai jamais le film que j'ai vu hier soir. C'est tout simplement un chef-d'oeuvre, ça s'appelle *Un Tramway nommé désir*. C'est un drame en noir et blanc qu'a tourné Elia Kazan en 1952.... Y'a pas à dire... mais les films en noir et blanc sont beaucoup plus poétiques... vous voyez... et puis... Marlon Brando est et sera toujours le plus grand acteur. Il est unique. Ah! j'oubliais... l'histoire a été tournée à la Nouvelle-Orléans, y'a une atmosphère très particulière. /

5.
Et toi, Cyril, qu'est-ce que tu as vu?

Eh bien, moi, le film que j'ai vu hier soir était barbant. C'était tellement ennuyeux que je me suis endormi vers la fin du film... Je ne me souviens même plus du titre... c'est... euh... attendez.... ah, oui, ça y est, je me souviens, ça s'appelle *Chambre avec vue*, c'est une comédie dramatique, paraît-il... moi, je pense que c'est plutôt un film catastrophique! /

6.

Alors, et toi, Véronique?

Moi, hier soir, j'ai emmené mes deux petits frères voir *Règlement de comptes à OK corral.* Ils ont beaucoup aimé et moi aussi. D'ailleurs, les gosses, ils aiment tous les films de cow-boys.... Ah, j'ai rêvé de Kirk Douglas toute la nuit!

B. Quel film? Which film would you pick to see tonight? Why?

Leçon 18

Vocabulaire

un agriculteur /
un chef d'entreprise /
un chercheur /
un directeur, une directrice /
une ferme /
un garagiste /
un infirmier, une infirmière /
une mère de famille /
un ouvrier, une ouvrière /
une pharmacie /
un pharmacien, une pharmacienne /
un pompier /
un salaire /
une société /
aider /
déménager /
essayer de /
espérer que /
penser que /
penser à ou penser de /
retourner /
dangereux, dangereuse /
efficace /
fort, forte /
honnête /
libre /
rapide /
responsable /
avoir le choix /
avoir congé /
avoir des responsabilités /
chercher du travail /
chercher un travail /
être fort en, être forte en /
heureusement /

je pense que non /
je pense que oui /
on verra /
travailler dur /
trouver du travail /
trouver un travail /
vraiment /
le baccalauréat /
un cinéaste, une cinéaste /
un coiffeur, une coiffeuse /
un comptable, une comptable /
un danseur, une danseuse /
un gendarme /
un gérant, une gérante /
un informaticien, une informaticienne /
un musicien, une musicienne /
un PDG /
algérien, algérienne /
compétent, compétente /
dynamique /
gratuit, gratuite /
immigré, immigrée /
être libre de /
gagner X dollars l' heure, par jour, par
     semaine, par mois /
gagner sa vie /
il faut /
le bac /
un beur, une beurette /
bosseur /
les boulots de vacances /
chercher du boulot /
une grosse légume

Les sons du français

A. Prononcez bien. The letter -s- between two vowels is pronounced /z/. Two s's are pronounced /s/. Listen and repeat.

Commencez.
1. Vous choisi<u>ss</u>ez? /
   Vous avez cho<u>isi</u>? /
2. Quel de<u>ss</u>ert! /
   Quel d<u>é</u>sert! /
3. C'est du poi<u>ss</u>on? /
   C'est du po<u>iso</u>n?

B. Écoutez bien. Do you hear the sound /s/ or the sound /z/? Circle your answers.

Commencez.
1. vous savez /
2. nous avons fini /
3. ils finissent /
4. elles sont parties /
5. ils ont fini /
6. du sucre

C. Perfectionnez votre français! Remember that French is spoken with an even rhythm, not a sing-song one as in English. Listen and repeat.

Commencez.
1. Voilà mademoiselle Durand. Elle est artiste. /
2. J'adore la vie à l'université mais je n'aime pas les examens. /
3. Je me suis levé, je me suis habillé et je suis parti. /
4. Ça ne fait rien. Je peux téléphoner.

Les sons et les mots

A. On va être. What line of work do you think these people will find themselves in later? Choose from:

une comptable, un garagiste, une infirmière, un musicien, un policier, and *un chercheur.*

Commencez.
1. Il aime les sciences depuis qu'il est petit. Au lycée, il préfère aider son professeur à faire des recherches dans le laboratoire plutôt que de s'amuser avec ses amis. /

2. Il aime l'ordre et la discipline, et surtout il veut porter un uniforme quand il sera grand. Mais le problème, c'est qu'il n'aime pas les revolvers, et dans le métier qu'il fera plus tard, on a besoin de revolvers. /

3. Elle adore les mathématiques. Elle n'est pas très forte en géométrie mais elle aime tellement faire des additions, des multiplications, des soustractions et des divisions. Elle adore compter, quoi...! /

4. Il n'aime pas beaucoup les études. Il ne veut pas aller au lycée ni passer son bac. Il préfère étudier la mécanique. Il a passé tout le week-end dernier à réparer la voiture de ses parents. Il a une vraie passion pour les voitures. /

5. Elle fait des études de médecine. Elle ne veut pas être médecin parce que les études sont trop longues... mais elle veut travailler dans un hôpital pour soigner les malades et surtout aider les gens physiquement et moralement. /

6. Son rêve est de jouer dans un grand orchestre. Pour le moment, il étudie le piano et le violon. Il ne sait pas encore quel instrument il préfère mais il sait très bien qu'il adore la musique, et qu'un jour il en fera son métier.

B. Un métier pour vous? Say whether or not these professions are suited to you. Try to give at least one reason. Then, listen to what the speaker on the tape has to say.

Commencez.
1. être comptable? /
   Ah, non, pas question! J'suis vraiment pas fort en maths, je déteste les chiffres. Je ne pourrais jamais être comptable. /

2. être professeur? /
   Oui, je crois que c'est un bon métier pour moi. D'abord, je suis quelqu'un de très intelligent... et puis j'aime partager ce que je sais avec les autres... bon, d'accord... je ne suis pas très modeste mais... quand même... je suis sûr que je pourrais être prof. /

3. être danseur? /
   Ah, non. Ce n'est pas un bon métier pour moi. Vous voyez? Je suis quelqu'un qui fume, qui aime boire et bien manger et qui aime sortir le soir. Alors, je crois que je détesterais la discipline de la danse. C'est un beau métier mais c'est pas pour moi. /

4. être directeur de banque? /
   Ah, oui, ça j'aimerais beaucoup! Vous imaginez, vous êtes assis dans votre bureau, et les gens vous apportent leur argent, plein d'argent. Ah! Quel beau métier que celui de directeur de banque... /

5. être informaticien? /
   Non, pas question. Moi, j'aime bouger, voyager, parler avec les gens. Vous voyez? Alors rester toute une journée devant un ordinateur... ah, non, pas question! /

6. être chercheur scientifique? /
   Oui, j'aimerais ça. J'ai toujours été bon en sciences à l'école. Je voudrais être prof de sciences mais plus tard j'aimerais être chercheur pour faire des découvertes qui permettraient d'améliorer notre vie sur terre.

C. En quoi est-ce qu'ils sont forts? Link each person with the appropriate discipline.

Commencez.
1. Marie a réussi son Bac C. Elle a eu des notes excellentes en algèbre et en géométrie. /
2. Jean-Pascal adore les cours d'anglais. Cet été, il est allé en Angleterre pour se perfectionner dans la langue de Shakespeare. Au dernier test, il a eu la meilleure note de la classe. /
3. Michel a beaucoup voyagé avec ses parents. Il connaît un grand nombre de pays. Il lit les atlas... c'est incroyable il a seulement 12 ans, mais il connaît le nom des capitales de tous les pays. /
4. Pauline vient de réussir le concours d'entrée du Conservatoire de Paris. Elle joue du piano et aussi de la guitare. C'est une excellente musicienne.

D. Et vous? What are you good at? Use *je suis fort(e) en...* or *je ne suis pas fort(e) en...* to react. Then, compare your answers with those on the tape.

Commencez.
1. en mathématiques? /
   Non, je ne suis pas fort en maths. Si j'étudie beaucoup, ça va, sinon... /
2. en langues étrangères? /
   Oui, je suis fort en langues étrangères. Pour moi, c'est facile. /
3. en biologie? /
   Oui, je suis forte en biologie. En général, j'aime les sciences. /
4. en danse moderne? /
   Moi, en danse? Pas du tout, non je ne suis pas fort en danse moderne. /
5. en sport? /
   Ça dépend du sport. Je nage bien et le tennis, ça va. /
6. en orthographe? /
   Non, je ne suis pas forte en orthographe. J'ai tout le temps besoin d'un dictionnaire.

E. Je pense que oui / je pense que non. React to each question with either *Je pense que oui* (if you do think so) or *Je pense que non* (if you don't). Compare your answers with those on the tape.

Commencez.
1. Est-ce qu'il fait chaud à Miami en mai? /
   Je pense que oui, parce qu'en mai à Miami il fait en moyenne 25 degrés centigrade... euh... ça fait 77 fahrenheit. /
2. Est-ce que les tomates sont des légumes? /
   Je pense que non. On les mange comme légumes mais ce sont véritablement des fruits. /
3. Quand il est midi à New York, il est 6 heures de l'après-midi en France, non? /
   Je pense que oui, parce qu'il y a bien 6 heures de différence. /
4. C'est vrai qu'il n'y a pas beaucoup de vacances et de congés payés en France? /
   Je pense que non... les Français ont 5 semaines de congés payés par an. /

5. Si vous avez trop bu, on m'a dit qu'il faut prendre beaucoup de vitamine C, et ça ira... tu penses que c'est vrai? /

Je pense que non parce que si tu as vraiment trop bu, il n'y a rien à faire... tu vas souffrir!

Les mots et les phrases

A. Les fautes d'orthographe. Claudine is correcting the spelling mistakes in her little brother's notebook. Listen and write down the words she corrects. Watch your own spelling.

Commencez.

1. Ah non, encore une fois le verbe préférer! Bon, préférer au présent... *nous préférons...* c'est P-R-E accent aigu-F-E accent aigu-R-O-N-S. /
2. Tu as encore fait une faute au verbe commencer. Au présent, nous commençons, c'est C-O-M-M-E-N-C cédille-O-N-S, *nous commençons.* /
3. Tu n'es vraiment pas fort en orthographe. Le verbe essayer à la première personne du singulier au présent... j'essaie, c'est E-S-S-A-I-E. Il n'y a pas de Y. /
4. Dans le verbe préférer à l'infinitif il y a 2 accents aigus mais pas au présent sauf pour nous et vous. *Tu préfères,* c'est P-R-E accent aigu-F-E accent grave-R-E-S et n'oublie pas le S s'il te plaît. /
5. Comment est-ce que tu as écris le verbe manger là? Nous mangeons, c'est M-A-N-G-E-O-N-S. Il y a un E. /
6. Le verbe appeler a seulement un L à l'infinitif mais quelquefois il y a un changement, comme dans je m'appelle, A-P-P-E-L-L-E, deux P et deux L.

B. Attention à l'orthographe! Listen and fill in the missing verbs. Watch your spelling!

Commencez.

Quand je suis en vacances, je me lève vers 8 heures. Mon mari, lui, préfère faire la grasse matinée. Je prends mon petit déjeuner et je me lave. Puis, vers 10 heures, mon mari se lève. Comme ça, il n'y a pas de problème parce que si nous sommes tous les deux dans la salle de bains, nous commençons à nous disputer. Bon, alors, à 9 heures, je sors et j'achète mon journal. Ensuite, je rentre à la maison et quand mon mari a fini de se préparer, je l'envoie faire les courses pour déjeuner. Quand il revient, je commence à faire la cuisine, et en général, nous mangeons vers midi et demi. L'après-midi, je m'ennuie un peu, alors j'essaie de m'occuper comme je peux.

C. Demain, hier ou aujourd'hui? Are these people talking about the future, the past, or the present? Circle your answers.

Commencez.

1. Zut! Je me suis trompé! /
2. Nous sommes toujours contents de te voir. /

3. Ils vont faire leurs devoirs ce soir. /
4. Je n'oublierai jamais cet événement. /
5. Quand j'avais 16 ans, je ne prenais rien au sérieux. /
6. Nous allons bientôt partir en Europe. /
7. Je suis descendu trop vite et je suis tombé dans l'escalier. /
8. Vous irez au restaurant ce soir? /
9. Il faisait trop de bêtises quand il était jeune. /
10. On verra.

D. Demain, je le ferai demain. For Candide, tomorrow is always soon enough. Play his role.

Modèle: Alceste: Tu travailles aujourd'hui?
           Candide: Non, je travaillerai demain.

Commencez.
1.
      — Tu finis cet après-midi? /
      — Non, je finirai demain. /

2.
      — Tu le sais maintenant? /
      — Non, mais je le saurai demain. /

3.
      — Tu vas à la bibliothèque aujourd'hui? /
      — Non, mais j'irai à la bibliothèque demain. /

4.
      — Tu vois le médecin aujourd'hui? /
      — Non, je le verrai demain. /

5.
      — Tu fais les courses aujourd'hui? /
      — Non, je les ferai demain. /

6.
      — Tu es fatigué aujourd'hui? /
      — Non, mais je serai fatigué demain!

E. C'est sûr! Things will happen as these people say—really! Say this using the suggestions given. Then, compare your answers with those on the tape.

Modèle:　　　T'es sûr? Il viendra?
　　　　　　　Oui, oui, il viendra.

Commencez.

1.
— T'es sûr? Tu seras prêt quand j'arriverai? /
— Oui, oui, je serai prêt! /

2.
— T'es sûr? Tu auras de l'argent demain? /
— Oui, oui, j'aurai de l'argent demain. /

3.
— C'est sûr? Il prendra l'avion dans 2 jours? /
— Oui, oui, il le prendra dans 2 jours. C'est sûr. /

4.
— Vous êtes sûr? Nous gagnerons le match demain? /
— Oui, oui, nous gagnerons le match demain. /

5.
— T'es sûr? Tu m'écriras quand je serai en vacances? /
— Oui, oui, je t'écrirai quand tu seras en vacances. /

6.
— T'es sûr? Tu ne m'oublieras pas? /
— Non, non, je ne t'oublierai jamais!

F. Oui ou non? Are these people being told to do (*fais-le*) or not to do (*ne le fais pas*) something? Circle your answers.

Commencez.
1. Ne m'attends pas. C'est pas la peine. /
2. Il y a quelqu'un à la porte, cache-les... vite... vite! /
3. Ne vous demandez pas pourquoi... c'est comme ça. /
4. Parle-lui maintenant. Dépêche-toi, il va partir! /
5. Les enfants ont faim. Donnez-leur le goûter. /
6. Ne leur téléphone pas le matin. Ils se lèvent tard.

G . Quel pronom? Circle the pronouns you hear.

Commencez.
1. Lève-toi. /
2. N'en prenez pas. /
3. Buvez-en. /
4. Dites-la. /
5. Téléphone-lui. /
6. Invitez-les.

H . C'est un ordre. M. Renaud's children are questioning his authority. Play his role. Then, compare your answers with those on the tape.

Modèle: — Je dois vraiment faire mes devoirs?
            — Oui, fais-les!

            — Nous ne pouvons vraiment pas regarder la télé?
            — Non, ne la regardez pas!

Commencez.
1.
     — Je dois vraiment téléphoner à grand-mère? /
     — Oui, téléphone-lui tout de suite! Elle veut te parler. /

2.
     — Je ne peux vraiment pas acheter cette robe? /
     — Non, ne l'achète pas! Elle est trop chère. /

3.
     — Nous devons vraiment dire la vérité? /
     — Oui, dites-la! C'est mieux comme ça. /

4.
     — Nous ne pouvons vraiment pas prendre du chocolat? /
     — Non, n'en prenez pas! Vous mangez trop de chocolat. /

5.
     — Nous sommes vraiment obligés d'inviter nos cousins? /
     — Oui, invitez-les. Ils sont gentils. /

6.
     — Nous devons vraiment nous brosser les dents? /
     — Oui, brossez-vous les dents... et lavez-vous les mains aussi.

À l'écoute de ...

Des fiches d'identité. Three people are going to tell you about their life and their work. What kinds of things do you think they're going to say? Look at the charts below. What kinds of information should you be listening for? Now, listen as many times as you need to and fill in as many details as you can. [*Un collège* = secondary school for students from 11 to 15 years old.]

Commencez.

1.

Je m'appelle François Carrière, j'ai 34 ans, je suis marié et j'ai 3 enfants. Je suis allé au collège et après, j'ai pas voulu continuer mes études, alors je suis devenu coiffeur. Cela fait maintenant 15 ans que je travaille et depuis 3 ans j'ai mon propre salon de coiffure. J'aime mon métier parce que je vois des gens différents tous les jours. J'adore parler avec mes clients, on apprend beaucoup en parlant! Côté salaire, je ne me plains pas, je gagne bien ma vie. Le seul problème, c'est que je dois travailler tous les samedis et je préférerais passer plus de temps avec ma famille le week-end, mais bon! On ne peut pas tout avoir, non...? /

2.

Je m'appelle Frédéric Leblanc, j'ai 26 ans et je suis célibataire. J'aimerais bien avoir une famille mais pour le moment, c'est pas possible... parce que mon métier me prend trop de temps. Je suis policier dans une ville de province. J'aime mon métier parce que c'est un boulot très excitant, ce n'est pas une routine. Et puis, j'aime aider les gens. Pour le moment, je suis content... mais je dois être libre tous les jours... parce que les gangsters ne prennent pas de vacances, eux... alors! /

3.

Je m'appelle Charlotte Gaumont, j'ai 28 ans, je suis mariée mais je n'ai pas d'enfants. Je me suis mariée très jeune et je n'ai pas pu continuer mes études. Mais je voulais quand même travailler... alors j'ai cherché un boulot... et j'ai trouvé quelque chose... je suis maintenant ouvreuse dans un grand cinéma à Paris. Je travaille cinq jours par semaine mais je dois travailler tous les dimanches, ça c'est un peu ennuyant... mais enfin... Sinon, j'adore le cinéma, alors je peux voir tous les films que je veux sans payer. Ça, c'est un gros avantage pour un cinéphile, vous croyez pas? Mais à part ça, je ne gagne pas beaucoup d'argent. J'ai un salaire minimum, et pour ce qui est des pourboires, les gens sont de moins en moins généreux, alors...

Leçon 19

Vocabulaire

un aéroport /
un appareil de photo /
un autobus /
un autocar /
un avion /
des bagages /
un billet simple /
un billet aller-retour /
une carte /
une île /
le métro /
le monde /
un passeport /
un pays /
une place /
un taxi /
un ticket /
un train /
un pays /
conduire /
découvrir /
emporter /
louer /
manquer un train, un avion /
ouvrir /
passer /
rendre visite à
traverser /
visiter /
assis, assise /
léger, légère /
lent, lente /
lourd, lourde /
vide /
aller en avion à /
aller en vélo à /
aller en voiture à /
être à l'heure /
être à /
être debout /
être en avance /

être en retard /
faire un voyage /
lentement /
par /
surtout /
vite /
un camion /
un chèque de voyage /
un compartiment /
un continent /
une croisière /
un désert /
une étape /
un guichet /
une hôtesse de l'air /
un moyen de transport /
un permis de conduire /
un pilote /
un quai /
un résumé /
la saison des pluies /
un souvenir /
une station de métro /
un steward /
le TGV (Train à Grande Vitesse) /
un vol /
plein, pleine /
changer de train ou d'avion /
réserver /
à l'étranger /
à ta place, à votre place /
faire des économies /
faire de l'auto-stop /
faire le tour du monde /
faire les bagages /
il y a de la place? /
un bus /
un car /
africain, africaine /
allemand, allemande /
anglais, anglaise /

asiatique /
australien, australienne /
européen, européenne /
israélien, israélienne /
marocain, marocaine /
mexicain, mexicaine /
russe /
sénégalais, sénégalaise /

Now listen to the name of countries and
    continents:
l'Europe /
l'Asie /
l'Australie /
l'Amérique /
l'Afrique /

l'Algérie /
la Belgique /
la France /
la Suisse /
Israël /
l'Italie /
la Chine /
le Japon /
l'Australie /
Tahiti /
les États-Unis /
le Canada /
le Sénégal /
le Maroc /
l'Espagne

Les sons du français

A. Pour hésiter. The sound used in French to indicate hesitation is *euh*. Make sure to keep
your lips rounded when you say *euh*. Listen and repeat.

Commencez.
1. Euh... chais pas, moi. /
2. Je pense... euh... finalement, oui, c'est ça. /
3. Enfin, bref, euh... ce que je veux dire, c'est que... /
4. C'est qui? Monsieur Gaumont? Euh... oui, je peux lui parler.

B. Pour s'exprimer. Here are some expressions used in French to express how you feel.
Listen and repeat.

1. Oh là là! /
    Oh là là! Quelle idée! /
2. Zut! /
    Zut! J'ai oublié de le lui dire! /
3. Tiens! /
    Tiens! C'est Patrick! Comment ça va toi? /
4. Ah bon? Ah bon! /
    Ah bon? C'est comme ça? Bon alors, on verra!

Les sons et les mots

A . Alexandre et la geographie. Is geography one of Alexandre's good subjects or not? Listen and say whether he's right (*il a raiso*n) or wrong (*il a tort*) in what he says. (If you're not too sure of your own geography, turn to the map section in your text for help.) Then, listen to the corrections on the tape.

Commencez.
1. Oui, oui, je sais, la Suisse se trouve en Asie. /
   Mais non, il a tort! Le Suisse se trouve en Europe! /
2. Euh... oui, le Japon est près de la Chine. /
   Oui, c'est vrai, il a raison! /
3. Non, non, c'est pas vrai. Le Maroc n'est pas près de l'Algérie. Il est en Australie... ? /
   Le Maroc, en Australie??? Ah non, il a tort! Le Maroc est en Afrique, près de l'Algérie! /
4. L'Italie? Elle se trouve à côté du Canada. Oui, c'est ça./
   Il a tort, voyons, l'Italie est en Europe! /
5. Oui, oui, et aux États-Unis, la Louisiane est près de la Californie, non? /
   Il a tort, le Louisiane est loin de la Californie! /
6. Ah oui, le Canada. Il est en Amérique du Nord, j'en suis sûr. /
   Ah oui, là, il a raison... pour une fois!

B . Masculin ou féminin? Are these countries masculine or feminine? To decide, listen to the preposition used and then circle your answers.

Commencez.
1. au Japon /
2. en Belgique /
3. en Chine /
4. au Sénégal /
5. au Mexique /
6. en Italie

C . Les pays. Name at least two or three countries for each continent. Compare your answers with those on the tape.

Modèle: En Amérique du Nord
             les États-Unis, le Canada, le Mexique

Commencez.
1. En Europe /
   la France, la Belgique, la Suisse, l'Allemagne, l'Italie, l'Espagne, l'Angleterre, la Russie /
2. En Asie /
   la Chine, le Japon, le Viêt-nam /
3. En Afrique /
   le Sénégal, le Maroc, le Zaïre

D. Quel continent? Say what continent each country is in. Check your answers against those on the tape.

Commencez.
1. l'Espagne /
   en Europe /
2. le Japon
   en Asie /
3. le Mexique /
   en Amérique du Nord /
4. le Sénégal /
   en Afrique /
5. la Belgique /
   en Europe /
6. les États-Unis /
   en Amérique du Nord

E. Tourisme et politesse. It's polite to follow the customs of the countries you're visiting. Say this, following the model.

Modèle: les Français ...
               En France, faites comme les Français.

Commencez.
1. les Italiens /
   En Italie, faites comme les Italiens. /
2. les Canadiens /
   Au Canada, faites comme les Canadiens. /
3. les Espagnols /
   En Espagne, faites comme les Espagnols. /
4. les Anglais /
   En Angleterre, faites comme les Anglais. /
5. les Japonais /
   Au Japon, faites comme les Japonais. /
6. les Américains /
   En Amérique, faites comme les Américains et les Canadiens, et les Mexicains, et les gens qui habitent l'Amérique du Sud aussi! /
7. les Allemands /
   En Allemagne, faites comme les Allemands. /
8. les Belges /
   En Belgique, faites comme les Belges. /
9. les Chinois /
   En Chine, faites comme les Chinois.

F. Moyens de transport. Circle the kind of transportation each person was using.

Commencez.
1. Fabienne est allée faire une promenade. Elle ne va pas très vite, elle admire le paysage, et elle écoute les oiseaux. Tout à coup, une voiture l'a doublée et lui a fait peur. Elle est tombée de sa bicyclette mais heureusement elle ne s'est pas fait trop mal. /
2. Éric est dans le TGV, il va à Lyon. Le voyage se passe bien, mais dans le compartiment il y a un bébé qui n'arrête pas de pleurer. La SNCF devrait interdire aux bébés de voyager en train! /
3. Monsieur et Madame Keller sont en colère. Ils voulaient partir en Italie hier mais le vol a été annulé parce qu'ils n'ont pas pu décoller à cause de la pluie. Quelle barbe! Ils sont obligés de passer la nuit à l'aéroport. /
4. La famille Granjean est en croisière. Ils sont partis la semaine dernière de San Francisco et ils vont aller jusqu'à Acapulco. Un voyage sur l'océan Pacifique, c'était leur rêve. C'est maintenant une réalité.

G. Comment y aller. Several exchange students from France have been spending the year in Los Angeles. Here's what they're going to do for spring break. What kind of transportation should they use? Compare your answers with those on the tape.

Suggestions: *le train, le bateau, le vélo, l'autocar, la voiture, l'avion*

Commencez.
1. Sylvie rend visite à ses grands-parents au Mexique. /
   l'avion ou la voiture /
2. André va à la Martinique. Il doit prendre l'avion mais il a peur. /
   le bateau /
3. Martine et Valérie vont au Texas. Elles ne veulent pas prendre l'avion parce qu'elle préfèrent voir un peu le pays. /
   l'autocar ou le train /
4. Daniel ne part pas en vacances mais il a un ami à qui il rend souvent visite. Cet ami n'habite pas loin de Daniel mais c'est trop loin pour y aller à pied et Daniel n'a pas de voiture. /
   le vélo /
5. Anne-Françoise va à Las Vegas. /
   le train, la voiture ou l'avion

H. L'heure, c'est l'heure. Circle the word that best completes each item.

Commencez.
1. Il est 8 h 40 et mon premier cours commence à 8 h 30. Je suis ... /
2. Si tu veux, tu peux me téléphoner demain matin. Appelle-moi de bonne heure parce que le matin, je pars ... /
3. Le soir, quand j'arrive à la maison, je ne vois pas mes enfants. Ils sont déjà couchés parce que tous les soirs, je rentre ... /

4. Le musée ouvre à 9 heures. Il faut que j'attende, il est 8 heures et demie. Je suis ... /
5. Monsieur Besson est un très bon employé. Il n'est jamais en retard ni en avance. C'est un homme précis et exact. Quand il a des rendez-vous, il est toujours ...

I. Accepter un compliment. There's a tendency in France to downplay compliments. Use a form of *ce* to react to each compliment. Then listen to what else the speaker has to say. (The sound *bof* can be used to downplay the importance of something.)

Modèle: Quelle belle robe! → Bof! C'est une vieille robe!

Commencez.
1. Quelle belle maison! /
   Bof, c'est une vieille ruine! /
2. Quel beau livre! /
   Bof, c'est un vieux bouquin. /
3. Quels beaux enfants vous avez! /
   Ces enfants-là? Mais ils ne sont pas à moi! /
4. Quelle jolie chambre! /
   Bof, c'est une chambre confortable.

J. On réagit! Use a form of *quel* to say how great each thing is. Then, compare your answers with those on the tape.

Modèle: un professeur merveilleux
               Quel professeur!

Commencez.
1. un gros chien méchant /
   Quel chien! /
2. une grand-mère très, très sympathique et généreuse /
   Quelle grand-mère! /
3. une mauvaise journée /
   Quelle journée! /
4. des tennis vert pomme /
   Quels tennis! /
5. des vacances catastrophiques /
   Quelles vacances! /
6. un examen difficile /
   Quel examen!

Les mots et les phrases

A. On est poli... Is each dialogue an example of polite (*poli*) or impolite (*impoli*) behavior? Circle your answers.

Commencez.
1.
> — Salut, professeur, comment vas-tu aujourd'hui?
> — Euh ... ça va bien, merci. /

2.
> — Bonjour, Madame Lebrun. Je vois que vous êtes en pleine forme ce matin. Vous n'êtes pas malade?
> — Non, je vais beaucoup mieux, merci. Et vous?
> — Tout va pour le mieux. Je vous remercie. /

3.
> — Eh! Serveur. Je prends le menu à 53 francs... et je veux une salade de tomates, un steak-frites, du fromage et une glace. Voilà! Dépêchez-vous, je suis pressée.
> — Bien, mademoiselle. /

4.
> — Bonjour monsieur. c'est pour le journal et je voudrais deux timbres, s'il vous plaît.
> — Voilà mademoiselle. Cela vous fait 15 F 20.

B. Décisions. Have these people made up their minds to do something (*le futur proche, le futur*) or is it just wishful thinking (*le conditionnel*)? Circle your answers.

Commencez.
1. C'est décidé. Je vais le faire! /
2. Je le ferais si je pouvais mais... /
3. J'aimerais travailler mais je suis trop paresseuse. /
4. Je viendrai te voir demain. C'est promis. /
5. J'irais faire les courses si j'avais le temps mais... /
6. Demain, je serai chez toi à 10 h 30. Sûr!

C. Qu'est-ce que vous feriez si... Take a few minutes and decide what you would do if. After you give your answer, listen to the one on the tape. How similar are you to the speaker?

Commencez.
1. Si vous aviez un million de dollars? /
   Je donnerais tous mes dollars à mes parents. Ils le méritent! /
2. Si vous aviez votre propre avion? /
   Je ferais le tour du monde! /

3. Si vous aviez gagné un voyage sur la lune? /
   Je ne le prendrais pas. J'aurais peur. /
4. Si vous étiez invité chez le président des États-Unis? /
   Je dirais non parce que je ne saurais pas quoi mettre. /

D. Quel pronom? What pronoun do you hear in each sentence? Circle your answers.

Commencez.
1. Mais si, Patrice y va tous les jours. /
2. Maman en voudrait dans son café. /
3. Ce restaurant là, Paul y a mangé hier. /
4. Est-ce que les enfants en veulent encore? /
5. M. Barbet va lui parler demain. /
6. Paulette leur a téléphoné ce matin. /
7. Sylvie en a parlé en classe. /
8. Écoute, arrête, Marc n'en veut plus.

E. Un petit tour en ville. Use the suggestions below to tell what happened when Béatrice went into town yesterday afternoon. Use pronouns to avoid being too repetitive. Then compare your answers with those on the tape. Do they agree or not?

Modèle: Béatrice / aller / en ville très tôt
            Béatrice est allée en ville très tôt .

Commencez.
 1. Béatrice ... aller ... en ville très tôt //
    Elle y est allée très tôt . /
 2. Pourquoi? Parce que Béatrice avait beaucoup de choses à faire //
    Pourquoi? Parce qu'elle avait beaucoup de choses à faire. /
 3. Vers 5 heures ... Béatrice ... rencontrer...son meilleur ami Régis //
    Vers 5 heures elle a rencontré son meilleur ami Régis. /
 4. Béatrice et Régis...parler...quelques minutes dans la rue //
    Ils ont parlé quelques minutes dans la rue. /
 5. Puis...Béatrice et Régis...aller prendre...une limonade dans un café //
    Puis, ils sont allés prendre une limonade dans un café. /
 6. Béatrice...demander...à son ami...de payer l'addition...parce que...Béatrice...ne plus avoir...d'argent //
    Béatrice a demandé à son ami de payer l'addition parce qu'elle n'avait plus d'argent. /
 7. Mais Régis...avoir...de l'argent //
    Mais Régis en avait. /
 8. Donc Régis...dire...à Béatrice qu'il...ne pas y avoir de problème //
    Donc il lui a dit qu'il n'y avait pas de problème. /

9. Béatrice...dire...au revoir...à Régis...et...Régis...dire...au revoir...
    à Béatrice //
    Béatrice et Régis se sont dit au revoir. /
10. Et...Béatrice...partir dîner...avec son autre meilleur ami David //
    Et Béatrice est partie dîner avec son autre meilleur ami David!

F. Ouvert ou fermé? It's 1:30 on a Tuesday afternoon. Look at the ads as you listen to each person's plans. Say whether each place is open (*C'est ouvert.*) or closed (*C'est fermé.*)

Commencez.
1. Il y a une exposition sur les mastodontes, les mammouths et les éléphants au Musée en Herbe. On y va? Ça a l'air génial, non? /
2. T'as vu? Il y a une exposition passionnante au Musée d'Histoire contemporaine—les Images de 1917, et moi, ça m'intéresse, ces histoires de guerre. /
3. Moi, je vais au Musée Picasso. Il y a une exposition, Picasso vu par Brassai, qui a l'air très bien. /
4. Moi, je propose le Louvre—s'il n'y a pas trop de monde. /
5. Non, je préfère l'art moderne... Comment il s'appelle ce musée? Oui, le Musée d'Art moderne de la Ville de Paris, c'est ça. /
6. Pourquoi pas Beaubourg... le centre Georges Pompidou... il y a toujours quelque chose d'intéressant là-bas.

À l'écoute de ...

A. Aujourd'hui on prend le train... You're an employee of the SNCF and today you're working at the information window. Listen to each passenger's question. Then, stop the tape, consult the train schedule, and write the number of the train he or she should take in the blank. (In one case, there will not be a convenient train.) Restart the tape and listen to the train agent answer the question. Did you pick the right train?

Commencez.
1.
— Bonjour, monsieur. J'habite à Paris et je dois être à St-Étienne Châteaucreux à 10 heures demain. Quel train est-ce que je dois prendre? //
— Vous prenez le train de 7 heures à Paris et vous arrivez à St-Étienne Châteaucreux à 9 h 49. C'est direct. /

2.
— Je voudrais aller à Lyon-Perrache demain matin. Si je prends le train de 6 h 47 à Dijon, pouvez-vous me dire à quelle heure j'arriverai à Lyon?//
— Si vous prenez le train de 6 h 47 à Dijon, vous arriverez à Lyon-Perrache à 8 h 45. /

3.

— Voilà. J'habite à Paris et je dois aller à Givors ville pour un rendez-vous demain matin à 10 h 30. Est-ce qu'il y a une ligne directe ou est-ce qu'il y a un changement? Pouvez-vous me dire quel train je dois prendre, s'il vous plaît? //

— Ce n'est pas direct, il y a un changement. Vous montez dans le train de 7 heures à Paris et vous descendez à Lyon-Part-Dieu à 9 h 02. Ensuite, vous prenez le train de 9 h 12 et vous arrivez à Givors ville à 9 h 39. /

4.

— Je voudrais un billet Paris-Lyon s'il vous plaît. Quel train dois-je prendre si je veux être à Lyon à 10 h 30? /

— Vous devez prendre le train de 8 heures à Paris et vous serez à Lyon à 10 h 18. C'est direct. /

5.

— Bonjour monsieur. Je voudrais un billet Paris-Le Puy. J'ai un rendez-vous important au Puy à 8 heures demain matin. Quel train est-ce que je dois prendre? /

— Je suis désolé, madame, mais il n'y a pas de train qui arrive au Puy avant 11 h 29.

B . Les pays du monde en mots croisés. Here's a different kind of crossword puzzle— all the clues are on tape! Listen, decide which country each clue refers to, and fill in the puzzle.

Commencez.
Horizontal 1 /
Marc et Odile sont allés dans ce pays pour leur vacances. Ils sont restés deux semaines à Dakar, la capitale. C'est un très beau pays d'Afrique noire. Les Sénégalais sont très chaleureux. /

Horizontal 2 /
Mme Martin y est allée pendant un mois. Ce pays se compose de plusieurs îles. Mme Martin est restée chez des amis à Tokyo. Elle a fait les magasins et s'est acheté un superbe kimono japonais. /

Horizontal 3 /
Pendant son voyage à travers l'Europe, Sophie est allée dans ce pays. Elle a visité Londres. Elle a pris beaucoup de photos de Buckingham Palace où habitent la reine Elizabeth et le Prince Philip. /

Horizontal 4 /
Depuis longtemps, je voulais apprendre une langue étrangère. Je me suis enfin décidé à apprendre le chinois. C'est une langue très difficile. L'alphabet est complètement différent du nôtre. Cet été, je suis allée perfectionner mon chinois là-bas. /

Horizontal 5 /

Depuis très longtemps, Jean-Paul avait envie d'aller en Amérique du Nord. Alors, au mois de décembre, il est allé dans ce pays. Il a dû emmener des vêtements très chauds car là-bas, en hiver, il fait très froid et il neige tous les jours. /

Horizontal 6 /

Alex a réussi ses examens. Pour le récompenser, ses parents lui ont offert un voyage. Où est-il allé? Eh bien il a vu la statue de la Liberté, les chutes du Niagara, Disneyland et les plages de la Floride. Quel voyage! /

Horizontal 7 /

Maryse étudie la civilisation précolombienne. Elle vient de faire un voyage d'études dans un pays d'Amérique centrale. Mais elle a quelques problèmes car elle ne parle pas espagnol. Mais ce n'est pas grave, elle a quand même visité des endroits magnifiques: par exemple, elle a vu Teotihuacan, Acapulco, des temples mayas et aztèques. Mais elle n'a pas aimé la capitale: il y a trop de pollution!

Vertical 1 /

Patrick adore la peinture. Son peintre préféré est Pablo Picasso; alors, la semaine dernière, Patrick est allé dans le pays de Picasso, il a visité plusieurs musées à Madrid pour admirer les tableaux du peintre espagnol. /

Vertical 2 /

Mon meilleur ami est fasciné par la culture arabe. Il est parti dans un pays d'Afrique du Nord. Ce pays se situe à côté de l'Algérie. /

Vertical 3 /

Il y a deux ans, Pierre et Marie ont passé leur lune de miel à Venise. Ils ont eu de la chance parce qu'ils ont pu assister au carnaval de Venise et puis, bien sûr, ils ont fait un tour en gondole et ils y ont mangé les meilleures pizzas du monde. /

Vertical 4 /

Ce pays est aussi un continent. On peut y voir de magnifiques paysages. On y trouve beaucoup de kangourous. /

Vertical 5 /

Cette année, Charles est allé au carnaval de Rio de Janeiro. Il n'oubliera jamais cet événement. Il a aussi visité une bonne partie de ce pays d'Amérique latine. Le peuple brésilien est vraiment un peuple accueillant. /

Vertical 6 /

Sandy est américaine. Depuis longtemps, elle voulait voir l'Europe. Cette année elle est enfin
   allée dans ce pays européen. Elle a visité la capitale, elle a vu le Louvre, la Tour Eiffel, le
   centre Beaubourg. Et puis, elle est descendue dans le midi sur la Côte d'Azur. Elle a même
   pris le TGV, ce train à grande vitesse.

Leçon 20

Vocabulaire

une autoroute /
le calme /
le centre /
un château, des châteaux /
une colline /
la côte /
l'est /
une étoile /
un étranger, une étrangère /
une forêt /
une foule /
les gens /
un groupe /
le nord /
un nuage /
l'ouest /
la pluie /
un pont /
une région /
une route /
une rue /
le sable /
le sud /
la terre /
un touriste, une touriste /
une vache /
meilleur, meilleure /
plat, plate /
terrible /
fermer /
se trouver /
au bord de /
aussi /
avoir de la chance /
faire la connaissance de quelqu'un /
là-bas /
mieux /

un accident /
les Alpes /
la Bretagne /
une cathédrale /
un commentaire /
la Côte d'Azur /
un coureur cycliste /
une course cycliste /
un fleuve /
un habitant, une habitante /
un kilomètre /
un mètre /
un monument /
la Normandie /
un orage /
un paysage /
un port /
la Provence /
les Pyrénées /
une rivière /
un sac à dos /
un voyage organisé /
un zoo /
historique /
rare /
chasser /
pêcher /
contre la montre /
de luxe /
en groupe /
faire les magasins /
faire les musées /
il y a beaucoup de monde /
malgré /
qu'est-ce qu'il y a à faire? /
terrible /
avoir de la veine

Les sons du français

A . Les mots et les intonations. The same words can indicate a question or an exclamation depending on the intonation used. Listen as the speaker says each expression two different ways. Then, rewind the tape and repeat after the speaker.

Commencez.
1. Ça va? /
   Ça va! /
2. Vraiment? /
   Vraiment! /
3. Bien sûr? /
   Bien sûr! /
4. Encore? /
   Encore! /
5. Et puis quoi? /
   Et puis quoi! /
6. C'est trop fort? /
   C'est trop fort! /
7. Il est malade? /
   Il est malade!

B . Interrogation, ou exclamation? Is the speaker asking a question, or exclaiming over something? Circle your answers.

Commencez.
1. Bien sûr! /
2. Tu es malade? /
3. Vraiment? /
4. Encore! /
5. Et puis... quoi... !/
6. Encore? /
7. Ça va? /
8. Bien sûr!

Les sons et les mots

A . La carte de France. Listen and write the name of each city where it belongs on the map.

Commencez.
1. Rouen /
   Rouen? Ça se trouve au nord et à l'ouest de Paris sur la Seine là où elle débouche dans la Manche. /

2. Rennes /
   Et Rennes? Attendez. Oui. Vous voyez Nantes là en Bretagne? Oui? Alors, vous allez directement au nord. C'est pas loin. /
3. Mulhouse /
   Mulhouse... Regardons un peu la carte. Oui, la voilà au sud de Strasbourg, oui, là dans la partie est de la France, tout près de l'Allemagne. /
4. Limoges /
   Où se trouve Limoges? alors, vous voyez Clermont-Ferrand? Oui, là, dans le centre de la France. D'accord, puis vous allez à l'ouest et c'est Limoges, entre la côte atlantique et Clermont-Ferrand. /
5. Rocamadour /
   Ah oui, Rocamadour. Je l'aime bien... il y un château, une église et de bons restaurants et ... pour y aller... alors, ben, vous voyez Bordeaux là, sur la côte atlantique? Rocamadour, c'est à l'est à peu près 100 kilomètres. /
6. Aix-en-Provence /
   Aix-en-Provence. Bon. Voilà Nice sur la Méditerranée, vous allez à l'ouest et voilà Aix-en-Provence, tout près de Marseille.

B. Où se trouve... ? Use the map to say where each city is located. Then, compare your answers with those on the tape.

Commencez.
1. Strasbourg /
   Strasbourg est au nord de Mulhouse et à l'est de Paris. /
2. Lyon /
   Lyon se trouve dans le centre à l'est de Clermont-Ferrand. /
3. La Rochelle /
   La Rochelle est sur la côte atlantique un peu au nord et à l'ouest de Limoges. /
4. Angers /
   Angers se trouve à l'est de Nantes. /
5. Grenoble /
   Grenoble est dans les Alpes au nord de Marseille. /
6. Lille /
   Lille est dans le nord-est, au nord de Paris.

C. Dessinez. Listen and sketch the picture being described. You will probably have to listen more than once. Don't worry if you can't get every detail.

Commencez.

Sur le dessin, il y a un fleuve qui part du coin en haut à gauche et qui va jusqu'au coin de l'image en bas à droite. Le fleuve traverse le dessin en diagonale. /

Puis, il y a une route qui traverse le fleuve. Elle part du côté gauche du dessin (un peu vers le bas) et va jusqu'au coin en haut à droite. /

On peut voir un pont à l'endroit où la route passe au-dessus du fleuve. Il y a un deuxième pont sur le fleuve en haut à gauche et un troisième pont sur le fleuve en bas à droite. /

Sur la droite du dessin, il y a une forêt. Elle se situe entre le fleuve et la route. /

Qu'est-ce qu'il y a encore? Ah, oui... il y a un arbre près du fleuve dans le coin en haut à gauche. C'est vraiment un gros arbre, il est magnifique. /

À côté de cet arbre, on peut voir un lac qui se trouve dans la partie gauche du dessin, entre l'arbre et la route. /

Oh!... et puis, il y a aussi des vaches près du pont en haut à gauche. Elle se trouvent juste à droite du fleuve. /

C'est tout? Mais non, on peut voir une colline en haut du dessin, un peu vers la droite, au-dessus de la route. Et sur cette colline, il y a un château. C'est un château splendide du treizième siècle. Personne n'y habite plus, il est classé monument historique. /

Notre dessin ne serait pas complet s'il n'y avait pas de village... eh bien, notre village se situe en bas à gauche. Il y a des maisons des deux côtés de la route. Le village se trouve au-dessous du lac. /

Mais... j'aperçois quelqu'un sur le dessin. C'est Valérie, elle est au bord du lac. Elle attend Jean-Paul qui, lui, arrive en voiture. Il est sur la route avant le pont qui passe sur le fleuve, il va en direction du village. /

Et puis, enfin, je vois Nathalie en vélo. Elle est tout près du village sur la route. Elle a dû faire beaucoup de kilomètres parce qu'elle paraît très fatiguée. Mais le village est tout près, elle va pouvoir se reposer de sa balade.

D. Et où se trouve... Look at the sketch you just drew and say where these people and things are. Compare your answers with those on the tape. Before you start, you may want to compare your sketch with the one in the answer key.

Commencez.
1. Où se trouve Valérie? /
   Elle est au bord du lac, côté village. /
2. Où se trouve Jean-Paul? /
   Jean-Paul se trouve dans la voiture juste devant le pont qui traverse le fleuve. /
3. Où se trouve la forêt? /
   Elle est à droite, ou à l'est si vous voulez, entre la route et le fleuve. /
4. Où se trouvent les vaches? /
   Alors, les vaches. Elles sont en haut, au bord du fleuve, près du premier pont qui est près du grand arbre. /
5. Où se trouve le château?
   Il est sur la colline. /
6. Où se trouve Nathalie? /
   Elle arrive au village en vélo.

Les mots et les phrases

A . Une balade en montagne. Read along as you listen to the story of Valérie and Jean-Paul's outing in the mountains. For each blank, stop the tape and write the infinitive of the verb you heard underneath. The first one has been done for you. As you listen, try to understand the gist of the story.

Commencez.

C'était un mercredi après-midi. Valérie et Jean-Paul n'avaient pas d'école. Ils ne voulaient pas rester tout l'après-midi à la maison à regarder la télévision, alors ils ont décidé d'aller faire une balade en montagne. Valérie voulait emmener son chien avec elle mais Jean-Paul, lui, n'a pas voulu, parce que le chien pourrait se perdre dans la montagne. Donc, ils sont partis tous les deux. Jean-Pierre était un garçon très sportif. Il marchait beaucoup trop vite pour Valérie. Elle essayait d'accélérer le pas pour ne pas perdre Jean-Paul de vue mais elle ne pouvait pas marcher aussi vite que lui. Au bout de 45 minutes, elle a dû dire à son ami, "Eh, Jean-Paul, attends, tu vas trop vite... mes pieds me font mal." Jean-Paul s'est arrêté, il a regardé Valérie qui était assise par terre. Il lui a dit: "Pourquoi tu n'as pas mis des chaussures confortables?" Mais tant pis! Il était trop tard maintenant pour faire demi-tour. Ils se sont donc remis en route mais Jean-Paul a dû marcher plus lentement. Cela faisait maintenant une heure qu'ils marchaient quand, tout à coup, un orage a éclaté et la pluie a commencé à tomber. Quelle averse! Nos deux aventuriers ont été surpris par l'orage et n'ont pas eu le temps de se mettre à l'abri. Valérie était furieuse parce qu'elle avait un parapluie à la maison mais elle n'avait pas eu l'idée de le prendre avant de partir cet après-midi. Quelle idiote!

B . Une balade en montage (suite). Rewind the tape and listen to Valérie and Jean-Paul's story again. For each blank, decide if the verb indicates that something happened and in that case write (PC) for *Passé Composé* above the line. If the verb tells how things were, write (I) for *Imparfait*. The first one has been done for you.

C . Une balade en montagne (fin). Rewind and listen one last time to the story of Valérie and Jean-Paul. This time, conjugate the missing verbs, putting them in the *passé composé* or *imparfait*. (Some are negative too!) Pay attention to spelling and to past participle agreement.

D . Positif ou négatif? M. Verrier is talking to his sister about family members. Is each person being compared favorably or unfavorably to other people in the family? Circle your answers.

Commencez.
1. Suzanne est intelligente, mais son frère est plus intelligent. /
2. Et le petit Benoît, il est si mignon. Odile n'est pas aussi jolie. /
3. Ton chien Youpi est un petit chien méchant. Il est plus méchant que mon chat Minouche. /

4. Marc a bien de la chance. Je ne suis pas aussi heureux que lui. /
5. Marie n'est pas très raisonnable. Toi, au contraire, tu es plus raisonnable.

E. Et sa soeur? M. Verrier's sister doesn't agree with his opinions. Listen again to what he has to say and, playing the role of his sister, disagree. Then compare your answers with those on the tape.

Commencez.
1. Suzanne est plus intelligente, mais son frère est plus intelligent. /
   Non, Suzanne est plus intelligente. /

2. Et le petit Benoît, il est si mignon. Odile n'est pas aussi jolie. /
   Si, Odile est plus jolie. /

3. Ton chien Youpi est un petit chien méchant. Il est plus méchant que mon chat Minouche. /
   Non, Youpi est moins méchant. /

4. Marc a bien de la chance. Je ne suis pas aussi heureux que lui. /
   Si, tu es aussi heureux. /

5. Marie n'est pas très raisonnable. Toi, au contraire, tu es plus raisonnable. /
   Non, moi, je ne suis pas aussi raisonnable.

F. Ah si! Listen to the sentences and decide if they are S (suggestions) or W (wishes). Circle the appropriate letter.

Commencez
1. Ah! Si au moins tu travaillais. /
2. — Qu'est-ce qu'on fait demain?
   — Si on allait à la plage? /
3. Si seulement j'étais intelligent... /
4. Et voilà! Si vous écoutiez! /
5. Je n'ai pas envie de cuisiner ce soir; si on allait au restaurant? /
6. — On fait quoi après le dîner? /
   — Et si on allait danser! /

G. Et ce week-end? Make four suggestions for possible activities this weekend. After each one listen to the tape to compare your suggestions to those of the French speaker.

1. dormir tard / Et si on dormait tard, puisque c'est samedi? /
2. aller jouer au tennis / Si on allait jouer au tennis, il fait si beau! /
3. aller à la piscine / Il fait tellement chaud. Si on allait à la piscine? /
4. ne pas aller à la bibliothèque / Dites donc, c'est samedi. Et si on allait pas à la bibliothèque! /

À l'écoute de ...

A. Le Tour de France. It's the Tour de France and Cécile Guidon, a reporter for a local newspaper has managed to get an exclusive interview with two of the leaders. What kinds of questions do you think she'll ask? Listen and complete the chart.

Commencez.

Cécile Guidon:	Ici Cécile Guidon de Radio-Sport en direct d'Angers. La troisième étape du Tour de France cycliste vient de se terminer. Aujourd'hui, 4 juillet, on vient d'assister à la victoire de Laurent Fignon qui a fini cette troisième étape en 3 heures 54 minutes et 5 secondes. Mais le coureur espagnol Delgado est toujours maillot jaune... Fignon et Delgado ont la gentillesse de nous accorder une interview exclusive... Alors, ne perdons pas de temps et retrouvons sans plus tarder le vainqueur de l'étape d'aujourd'hui... Bonjour, Laurent Fignon. Vous êtes donc le vainqueur de l'étape d'aujourd'hui. Fatigué?
Laurent Fignon:	Non, pas trop... Je suis très content d'avoir gagné aujourd'hui mais ça n'a pas été trop difficile. L'étape Nantes-Angers fait 80 kilomètres. C'est la plus petite étape du Tour de France... et puis, le temps était très favorable à la course. Il n'y a pas eu de vent ni de pluie.
Cécile Guidon:	Jusqu'à maintenant, quelle a été l'étape la plus difficile du Tour?
Laurent Fignon:	Sans aucun doute, c'est la première étape Bordeaux-La Rochelle. Le départ du Tour de France à Bordeaux a été très dur à cause de la pluie. La route était très mouillée et donc très glissante. C'était dangereux, ... il y a eu trois accidents.
Cécile Guidon:	Pensez-vous, Laurent, avoir des chances de remporter le Tour de France cette année?
Laurent Fignon:	Oui, parce que je me sens très en forme, et puis, je me suis beaucoup entraîné avant la course. Je pense que je suis bien préparé pour arriver à Paris, sur les Champs-Elysées avec le maillot jaune.
Cécile Guidon:	Merci, Laurent Fignon. Nous allons maintenant accueillir le maillot jaune, c'est-à-dire celui qui est premier au classement général... Bonjour Pedro Delgado... Pour le moment, vous êtes le premier du Tour de France... Pensez-vous garder le maillot jaune jusqu'à la fin?
Pedro Delgado:	Je ne sais pas parce que j'ai quelques adversaires très forts, comme Roche, Bernard, Fignon et Herrera. La compétition est très dure.
Cécile Guidon:	Pedro, vous avez gagné les deux premières étapes du Tour de France: Bordeaux-La Rochelle et La Rochelle-Nantes. Vous avez fait un très bon départ.
Pedro Delgado:	Oui, mais je ne suis pas tout seul. Les autres coureurs de mon équipe m'ont beaucoup aidé. Et puis... surtout, cette année, j'ai un nouveau vélo très performant.

Cécile Guidon: Merci Pedro. Avant de vous quitter, chers auditeurs, laissez-moi vous rappeler le classement général:

Premier	Delgado	avec 13 heures, 36 minutes 54 secondes
Deuxième	Fignon	à 1 minute et 13 secondes
Troisième	Roche	à 3 minutes et 2 secondes
Quatrième	Bernard	à 7 minutes et 3 secondes
Cinquième	Herrera	à 7 minutes et 57 secondes

Voilà donc le classement. Je précise tout de même que Delgado est premier avec 13 heures 36 minutes et 54 secondes.

B. Le classement général. Listen to the interview once more. Then fill in the chart to give the final standings and to give any other details you can about the racers.

C. Le maillot jaune. What is the *maillot jaune*? If necessary, listen to the interview one more time. Then answer the questions below.

1. Qu'est-ce que c'est le maillot jaune? /
2. Qui le porte maintenant? /

Leçon 21

<u>Vocabulaire</u>

un accident /

l'amitié /

l'avenir /

le bonheur /

un endroit /

une guerre /

une maladie /

le malheur /

la mort /

la paix /

le pouvoir /

la réalité /

la santé /

la société /

la solitude /

une sortie /

la violence /

chaque /

idéaliste /

indépendant, indépendante /

individualiste /

injuste /

inquiet, inquiète /

juste /

matérialiste /

privé, privée /

quelques /

réaliste /

satisfait de, satisfaite de /

social, sociale, sociaux, sociales /

traditionnel, traditionnelle /

agir /

critiquer /

discuter de /

intéresser /

s'intéresser à /

refuser de /

respecter /

à mon avis /

avant de /

avant que /

avoir raison /

avoir tort /

cependant /

être contre /

être pour /

évidemment /

il faut que /

malheureusement /

pour que /

probablement /

sauf /

sûrement /

une activité /

l'autorité /

un besoin /

un cauchemar /

un changement /

le confort /

Dieu /

l'égalité /

un gouvernement /

une illusion /

l'injustice /

la liberté /

les loisirs /

une opinion /

l'ordre /

la pauvreté /

un principe /

le racisme /

la richesse /

la sécurité /

un sentiment /

actuel, actuelle /

financier, financière /

matériel, matérielle /

personnel, personnelle /

simple /

accepter de /

s'adapter à /

apprécier /

bavarder /

concerner /

exister /

imposer /

se méfier de /

oser /

souffrir /

avoir des illusions /

avoir des soucis /

être conscient de, être consciente de /

faire de la politique /

profiter de la vie /

se poser des questions /

la vie quotidienne /

Ce n'est pas la mer à boire. /

un leader /

On est tous dans le même bateau. /

tchatcher /

avoir de la tchatche /

un pote

Les sons du français

Les sigles. Acronyms are common in French. Here are a few:

SMIC	salaire minimum de croissance /
OVNI	objet volant non identifié /
PCV	paiement contre vérification /
PDG	Président-directeur général /
TGV	train à grande vitesse /
BU	bibliothèque universitaire /
CAPES	Certificat d'aptitude pédagogique à l'enseignement secondaire

Now, listen and write the acronym you hear in each conversation.

Commencez.

1.
— À qui tu veux parler?
— Au PDG, il est là? /

2.
— Tu vas à Paris en voiture?
— Non, je vais prendre le TGV, c'est plus rapide. /

3.
— J'adore les films de science-fiction?
— Oh, moi, les histoires d'OVNI c'est pas mon fort. /

4.
— Je n'ai pas assez d'argent pour téléphoner à mes parents.
— Alors, tu n'as qu'à leur téléphoner en PCV. /

5.

    — Est-ce que tu gagnes beaucoup d'argent?

    — Non, le SMIC, tu sais, c'est tout. /

6.

    — Allô, maman... je vais rentrer tard ce soir. Je vais étudier à la BU.

    — D'accord, mais pas trop tard. /

7.

    — T'as entendu?

    — Non, quoi?

    — Bernard a réussi au CAPES et maintenant il est prof dans un lycée.

    — Lui? C'est pas vrai!

Les sons et les mots

A. Bon ou mauvais? Classify each word or expression you hear by writing it in the appropriate column.

Commencez.

1. un accident /
2. avoir des illusions /
3. la guerre /
4. être en mauvaise santé /
5. le pouvoir /
6. l'égalité /
7. l'amitié /
8. la solitude /
9. le bonheur /
10. être injuste

B. Réagir! Give your reaction to each word or expression. Then, compare your answers to those on the tape.

Suggestions:

    je suis pour

    je suis contre

    c'est mauvais

    ça dépend

    c'est injuste

    ça m'intéresse

    ça ne m'intéresse pas

Commencez.
1. le racisme /
   Moi, je suis contre, c'est vraiment injuste tu sais, juger quelqu'un par la couleur de la peau ou la langue qu'il parle. /
2. la paix /
   Évidemment, on est pour,... mais que veux-tu, c'est l'idéal. /
3. être idéaliste /
   Ça dépend. En principe, c'est bien mais c'est pas très pratique. /
4. le confort matériel /
   Ça aussi, ça dépend. Je peux pas dire que je suis tout à fait contre.... mais... /
5. faire de la politique /
   Ça m'intéresse beaucoup. J'aime beaucoup en discuter avec mes copains le soir. /
6. l'injustice /
   On peut pas être pour, mais, la vie n'est pas toujours juste tu sais.

C. Des opinions. Here are the opinions some people recently expressed on certain topics. For each one, identify what they're talking about. Choose from:

la justice, l'injustice, la pauvreté, les loisirs, l'amour, le racisme, l'avenir, la politique, la violence and *l'égalité*

Commencez.
1.
Vous savez... la pauvreté est une nécessité sociale et économique. Tous les gens veulent être riches... et alors? La pauvreté est injuste mais elle est nécessaire. /

2.
La plus belle victoire de l'homme, ce sont les loisirs. Qu'est-ce que vous en pensez? /

3.
Je pense que l'avenir est noir. Autrefois les gens étaient plus heureux, moins individualistes et matérialistes. Il n'y a plus d'avenir heureux. /

4.
À mon avis, on ne peut rien faire contre la violence dans le monde. La violence a toujours existé, elle existe encore et durera jusqu'à la fin du monde. C'est une fatalité. /

5.
Moi, l'amour, je ne pense pas que ça existe. C'est une illusion qui rend très souvent les gens malheureux. On a écrit des millions de livres mais l'amour n'existe pas, c'est une illusion, mais... une illusion agréable parfois. /

6.
La politique n'est pas mon passe-temps favori mais, à mon avis, la démocratie est le meilleur régime politique même si elle n'est pas parfaite. Vous ne pensez pas?

D. Qu'est-ce qu'ils pensent? Rewind the tape and listen to the opinions expressed in C one more time. Choose the best answers.

E. Qu'est-ce que vous en pensez? Do you agree with the opinions expressed by these six people? Say what you think using *il (elle) a tort / il (elle) a raison.* Compare your answers with those on the tape.

Commencez.
1. Isabelle pense que la pauvreté est nécessaire. /
   Elle a tort. La pauvreté, c'est une injustice et non pas une nécessité. /
2. Bertrand pense que les loisirs sont une victoire. /
   Il a raison. Tout le monde a besoin de loisirs de temps en temps. /
3. Sylvie pense que l'avenir n'existe pas. /
   Elle a tort. Elle est trop pessimiste. L'avenir n'est pas rose, mais il n'est pas noir non plus. /
4. Renée pense que la violence est une fatalité. /
   Elle a raison. La violence, je ne l'aime pas, mais on ne peut pas l'éviter. /
5. Jacques ne croit pas à l'amour. /
   C'est triste, mais il a raison. L'amour est une illusion! /
6. Marc croit en la démocratie. /
   Il a raison. Même si elle n'est pas parfaite, la démocratie est une forme de gouvernement juste.

Les mots et les phrases

A. Quel mode? As you listen to the sentences on the tape, circle the mood of the verb (indicatif, impératif, subjonctif). The first one has been done for you.

Commencez.
1. Qui est allé chez eux? /
2. Que veux-tu que je fasse? /
3. Ça va être difficile... tu verras. /
4. Ayons de la patience. /
5. On veut te parler. /
6. Je ne le savais pas /
7. Je te le dit pour que tu puisses faire quelque chose. /

B . Ça veut dire... Listen and decide if each sentence expresses a statement of fact, an emotion, a necessity, or a wish. Circle your answers.

Commencez.
1. Il faut que tu ailles au labo une fois par semaine. /
2. Je sais que vous avez beaucoup de travail. /
3. Jacqueline est contente d'être à l'université. /
4. Tu veux que nous venions avec toi? /
5. Je suis triste que tu partes. /
6. Il faut qu'ils nous voient. /
7. Marc sait que nous avons raison. /
8. Tu veux venir avec nous?

C . La vie en rose. Life is great. Using the suggestions given, say how happy you are about things. Before you start, write down the verb form you'll use.

Modèle: Je suis content(e) que / tu / être / mon ami
            Je suis content(e) que tu sois mon ami.

Commencez.
1. Je suis content que la vie / être / belle //
   Je suis content que la vie soit belle. //
2. Je suis contente que / il / faire / beau aujourd'hui. //
   Je suis contente qu'il fasse beau aujourd'hui. //
3. Je suis content que / nous / être / amis //
   Je suis content que nous soyons amis. //
4. Je suis contente que / vous / aller / en France cet été //
   Je suis contente que vous alliez en France cet été. //
5. Je suis content que / quelqu'un d'autre / faire / tout à la maison //
   Je suis content que quelqu'un d'autre fasse tout à la maison. //
6. Je suis contente que / cet exercice / finir //
   Je suis contente que cet exercice finisse.

D . La vie en noir? Use *je suis triste que* to say that you're sad about each of the following. Compare your answers with those on the tape.

Commencez.
1. Je suis triste que / il / pleuvoir //
   Je suis triste qu'il pleuve. //
2. Je suis triste que / tu / être / malade //
   Je suis triste que tu sois malade. //
3. Je suis triste que / ils / devoir / partir //
   Je suis triste qu'ils doivent partir. //

4. Je suis triste que / vous / être / triste //
   Je suis triste que vous soyez triste. //
5. Je suis triste que / vous / ne pas avoir / de chance aujourd'hui //
   Je suis triste que vous n'ayez pas de chance aujourd'hui. //
6. Je suis triste que / tes parents / vouloir / divorcer //
   Je suis triste que tes parents veuillent divorcer.

E. Je veux que ... on veut que je ... Are these things that Jean-Pascal wants to do himself or things that other people want him to do? Circle your answers.

Commencez.
1. Je veux dormir tard le week-end. /
2. Ma mère veut que je me lève avant 9 heures. /
3. Mon père veut que je fasse des études de médecine. /
4. Moi, je veux être artiste. /
5. Ma petite amie veut qu'on se marie. /
6. Moi, je ne veux pas me marier en ce moment.

À l'écoute de ...

A. Messages téléphoniques. You are working in an office. Listen to the message on this machine and check the boxes corresponding to the messages that people are leaving.

1. Ici Monsieur Droit. Demandez à Madame la Directrice qu'elle approuve le document que j'envoie cet après-midi. /
2. Dites à Madame Planchon de distribuer les notices. De la part de Madame Blanc. /
3. Pourriez-vous prendre un message pour madame Planchon? Demandez-lui qu'elle signe les contrats immédiatement et qu'elle les retourne à Mademoiselle Michel. /
4. S'il vous plaît, dites à ma femme qu'elle me retéléphone au 75.89.03 avant 17 heures 30. /

B. Qu'est-ce qu'ils veulent? Listen to the messages on the machine. Write down each caller's request.

Commencez.
1. Aujourd'hui samedi, il est 18 heures 15. Dites au docteur que je voudrais un rendez-vous. Je voudrais qu'il me prenne vendredi dans l'après-midi s'il vous plaît. Ici Monsieur Gros. Mon numéro de téléphone est le 43.25.67. /
2. Ici Charlotte. Je suis passée voir Madame Frank mais elle n'était pas là. Je la rappellerai ce soir. Je voudrais qu'elle vienne avec moi voir l'exposition Gaughin. Je pense que demain matin sera un bon moment. /
3. Allô, je voudrais parler à Françoise Frank. Il faut qu'elle prenne rendez-vous avec son dentiste. Est-ce qu'elle pourra rappeler entre midi et deux heures? Qu'elle appelle au 81.92.34. /

4. Allô, dites à madame Frank que ses chaises sont prêtes. Il faut qu'elle nous dise quand on peut les apporter. Ici Monsieur Martin de la Compagnie Martin et Dubois. Le numéro est 21.76.88.

C. Au café. Three students have been passing the time of day in a café when the conversation turns to the subject of animals and how they are treated during summer vacations. What kind of problems and solutions do you think are part of the conversation?

Now listen to their conversation and complete the chart below with the information you will obtain from their conversation.

Commencez.

Marc: Vous avez vu là dans le journal?

Charles: Non, de quoi s'agit-il?

Marc: C'est à propos de ce chien qui a été abandonné sur la route hier. Ils ont attaché le chien à un arbre et la pauvre bête est morte de soif et de faim.

Julie: Bof... un chien de plus ou un chien de moins ... Tu sais Marc, il y en a des centaines de chiens qui meurent pendant les vacances tous les ans. C'est comme ça!

Marc: Mais non, c'est pas comme ça! Il faut changer la mentalité des gens. C'est fou ce qu'ils sont égoïstes. Tiens, vous voyez, moi, j'ai deux chiens et deux chats à la maison. Ce sont pas des animaux. Ce sont mes amis... Ils viennent partout avec

Julie: Mais toi, tu es esclave de tes animaux, Marc. Avec eux, tu ne peux pas voyager.

Marc: Mais alors! Tu ne veux pas que j'abandonne mes chiens et mes chats pour le plaisir de voyager...

Charles: Marc écoute, tu n'es pas obligé de les abandonner parce que tu pars en vacances. Laisse-les chez tes parents ou chez des amis... Comme moi. J'ai un chien, Rex, je l'adore. Eh ben, je le laisse pendant toutes les vacances chez mes parents. Je veux pas rester à la maison pour un chien!...

Marc: Ouais... Au fait, et toi, Julie? Qu'est-ce que tu fais de tes animaux pendant les vacances?

Julie: Oh moi, c'est bien simple. Je n'ai pas d'animaux. J'aime bien les bêtes. Mais c'est trop de travail. J'ai pas le temps de m'en occuper.

Marc: Dis plutôt que tu es égoïste, tu ne penses qu'à toi...

Julie: Oh, oh! ne te mets pas en colère comme ça! Je n'ai peut-être pas d'animaux, mais je ne fais de mal à personne. Et puis les animaux, c'est fait pour être libre et vivre en liberté!

Leçon 22

Vocabulaire

l'aîné, l'aînée /
un beau-fils /
un beau-frère /
un beau-père /
des beaux-parents /
une belle-fille /
une belle-mère /
une belle-soeur /
une discothèque /
un gendre /
un neveu, une nièce /
le papier /
une petite-fille /
un petit-fils /
des petits-enfants /
le plus jeune, la plus jeune /
un veuf, une veuve /
aîné, aînée /
célibataire /
divorcé, divorcée /
marié, mariée /
veuf, veuve /
croire à /
dépenser /
garder /
gêner /
laisser /
rater /
ressembler à quelqu'un /
réussir à /
suivre /
vivre /
à peu près /
c'est dommage /
c'est sûr /

être bon en, être bonne en /
être nul en, être nulle en /
par exemple /
seulement /
une araignée /
une colonie de vacances /
un demi-frère /
une demi-soeur /
une feuille de papier /
un jumeau, une jumelle /
des jumeaux, des jumelles /
écrire un mot à quelqu'un /
être difficile à vivre /
être en colère contre /
être facile à vivre /
je m'en vais /
je plaisante /
garder des enfants /
laisser un mot pour quelqu'un /
en plastique /
être calé en, calée en /
un bûcheur, une bûcheuse /
sécher un cours /
une colo /
une compo /
une disco /
faire du babysitting /
je file /
je te fais marcher /
une interro /
la philo /
la psycho /
les sciences éco /
les sciences po /
se faire recaler

Les sons du français

A. Des mots apparentés. Listen and circle the French words that are related to English words.

Commencez.
1. Moi, je suis réaliste mais mon mari, lui, est optimiste. /
2. C'est vraiment comique. /
3. Liberté, égalité, fraternité! /
4. Généralement, à l'université, on est logique. /
5. Et hier, il est arrivé avec deux heures de retard! J'ai eu envie de l'étrangler!

B. Français ou anglais? Is each word an English word or a French one? Circle your answers.

Commencez.
1. réaliste
2. *university*
3. liberté
4. *logic*
5. télévision
6. *cuisine*
7. journal
8. *souvenir*

C. Prononcez les mots apparentés. Here are some French-English cognates. Be careful to pronounce each vowel clearly and to keep an even rhythm. Listen and repeat.

Commencez.
1. réaliste /
2. université /
3. liberté /
4. logique /
5. télévision /
6. cuisine /
7. journal /
8. souvenir

Les sons et les mots

A.   Sciences ou lettres? Is each word related to the sciences *(les sciences)* or the humanities *(les lettres)*? Circle your answers.

Commencez.
1. la physique /
2. la médecine /
3. la traduction littéraire /
4. la biochimie /
5. les maths /
6. la poésie /
7. l'histoire /
8. l'algèbre et la géométrie

B.   On étudie aussi... What might someone studying each subject also be likely to study? Compare your answers with those on the tape.

Commencez.
1. l'informatique /
    les mathématiques /
2. la biochimie /
    la biologie et la chimie /
3. la traduction /
    les langues et la littérature /
4. la mécanique /
    la physique

C.   Qu'est-ce qu'ils font? Are these people involved in the sciences or the humanities? Circle your answers.

Commencez.
1. Je viens de terminer un projet sur les nuages et les pluies pour un cours de physique. /
2. Mon fils fait des études de médecine vétérinaire à Liège. /
3. Je pense faire une maîtrise en traduction, mais littéraire, tu vois, pas scientifique. /
4. Mon père est à Montréal cette semaine. Il fait partie d'une équipe qui travaille sur la protection de la couche d'ozone. C'est lui qui est expert en biochimie. /
5. Ma soeur prépare le Bac C. Elle aime bien les maths, et tu sais, pour plus tard... /
6. Qu'est-ce qu'il est content depuis qu'il travaille à la librairie en ville. Quand il n'y a pas de clients, il peut lire tout ce qu'il veut... de la philosophie, de l'histoire, des romans, de la poésie...

D. Les études et les métiers. What do you think these people probably studied? Compare your answers with those on the tape.

Modèle: M. Huteau travaille avec les ordinateurs.
            l'informatique

Commencez.
1. Mme Ridet est avocate à Paris. /
   le droit /
2. M. Duplan est chercheur en génétique dans un laboratoire. /
   la biologie /
3. Mme Peyroux fait de la politique. Elle est ministre depuis deux ans. /
   les sciences politiques /
4. M. Klein est chercheur au CNRS. Il vient de publier un article sur le rôle de la famille dans la société moderne. /
   la sociologie /
5. Mme Blanc enseigne l'algèbre, la géométrie et les statistiques. /
   les mathématiques /
6. M. Herpin est chirurgien. Il travaille dans un hôpital. Ce matin il a opéré un accidenté de la route. Tout s'est bien passé. /
   la médecine

E. Logique ou pas logique? Do these family relationships make sense? Circle your answers.

Commencez.
1. Ton frère aîné est plus jeune que toi. /
2. Ton beau-frère est le mari de ta soeur. /
3. Ton cousin est la fille de ta tante. /
4. Ta belle-mère est la mère de ton mari. /
5. Ton oncle est le mari de ta tante. /
6. Le fils de ton père est ton gendre.

F. Système scolaire: vrai ou faux? Is each of these statements about the French education system more likely true or more likely false? Circle your answers.

Commencez.
1. Marc a six ans. Il est au lycée. /
2. Sylvie est calée en maths. Elle adore son cours de géométrie et elle aide ses copains avec leurs devoirs. /
3. On passe le baccalauréat à la fin de la classe de Terminale. /
4. On va au lycée avant d'aller au collège. /
5. En cours d'informatique, on étudie les ordinateurs. /
6. Un bon étudiant a toujours de mauvaises notes.

G . Et vous? Answer these questions about your own life at school. Then compare your answers with those of Guy, a law student at the *université d'Angers.*

Commencez.
1. Vous êtes au collège, au lycée ou à l'université? /
   Je suis en troisième année de droit à l'université d'Angers. /
2. Est-ce que ton père a un diplôme? /
   Oui, il a son baccalauréat. Comme il était fort en lettres, il a passé son Bac A. /
3. Tu habites chez tes parents ou dans une résidence universitaire? /
   J'habite chez mes parents, parce que la fac de droit est pas loin. /
4. Tu as généralement de bonnes notes? /
   Oui, en général, ça va. Mais j'ai pas encore passé les examens de fin d'année. /
5. Quelles sont les personnes de ta famille qui ont un diplôme universitaire?/
   Eh bien, mon père a son doctorat en lettres modernes. Il a fait toutes ses études à l'université d'Angers. Ma mère a un diplôme de traduction qu'elle a passé à la Catho (c'est une autre université d'Angers mais catholique, celle-ci). Voilà, mon petit frère, lui, est encore au collège, il est en troisième, et il va passer son BEPC en juin. /
6. À ton avis, que faut-il étudier pour devenir un homme politique: les sciences politiques ou la comédie? /
   Humm... les sciences po, je crois bien ...

Les mots et les phrases

A . Qui? Identify the subject used with *croire* in each sentence. Circle your answers.

Commencez.
1. Tu y crois toi? /
2. Qu'est-ce qu'il croit? /
3. Oh! nous, on y croit pas. /
4. Si si si! J'y crois. /
5. Et eux? Ils y croient? /
6. Non, non, nous n'en croyons rien. /
7. Ah mais si, j'crois bien. /
8. Vraiment? Vous croyez?

B . Vous croyez? Use either *oui, j'y crois* or *non, je n'y crois pas* to say whether you believe as the people on the tape do or not. Then listen to the reactions of the speaker.

Commencez.
1. Moi, je crois à la chance! /
   Oui, oui, j'y crois aussi. /
2. Moi, je crois au travail. /
   Ah non, je n'y crois pas. /

3. Moi, je crois aux examens. /
   Ben, enfin, oui, j'y crois. /
4. Moi, je crois à l'astrologie. /
   Non, moi, je n'y crois pas.

C. Être en forme. Listen and write the names of the people taking each class on the appropriate line: *Cédric, Paulette, Christine, Jacques et Paulette, Sylvie, Suzanne et Stéphane.*

Commencez.

Christine suit un cours de danse moderne. /
Suzanne et Stéphane suivent un cours d'aérobic. /
Jacques et Paulette suivent un cours de karaté. /
Paulette suit aussi un cours de judo. /
Cédric suit un cours de musculation. /
Sylvie suit un cours de gymnastique.

D. Est-ce que vous avez jamais suivi... Say whether or not you or the people you know have ever taken one of the following courses. Then compare your answers with those on the tape.

Commencez.
1. Est-ce que vous avez suivi un cours de karaté? /
   Non, jamais. Je ne suis pas très sportive. /
2. Est-ce que vous avez un ami qui a suivi un cours de musculation? /
   Oui, il y a un an, mon copain Robert a suivi un cours de musculation et maintenant, il ressemble à Monsieur Univers! /
3. Est-ce que vous avez jamais suivi un cours d'aérobic? /
   Oui, une fois, mais je n'ai pas aimé et je l'ai abandonné. /
4. Est-ce que vous avez un frère ou une soeur qui a suivi un cours de gymnastique? /
   Oui, mon petit frère Nicolas. Lui c'est le sportif de la famille.

E. L'année dernière. Who are these people living with? Use the verb *vivre* to complete each sentence. Compare your answers with those on the tape.

Modèle: L'année dernière je vivais avec ma soeur, mais maintenant, (seul).
               ... mais maintenant, je vis seul.

Commencez.
1. L'année dernière, je vivais avec Patrick, mais maintenant, (avec Marc) /
   mais maintenant je vis avec Marc. /
2. L'année dernière, nous vivions avec nos parents, mais maintenant, (seuls)/
   mais maintenant nous vivons seuls. /

3. L'année dernière, Suzanne et Pascale vivaient avec Patrick, mais maintenant, (ensemble) /
   mais maintenant elles vivent ensemble. /
4. L'année dernière, Patrick vivait avec Suzanne et Pascale, mais maintenant, (avec moi). /
   mais maintenant il vit avec moi.

F . Et vous? Use the words below to say how things were for you last year. Then compare your answers with those on the tape.

Modèle: vivre avec mes parents
                 Oui, je vivais avec mes parents.

Commencez.
1. vivre avec un copain /
   Non, je vivais avec mes parents. /
2. vivre avec ma soeur
   Non, je vivais avec mes parents. Je n'ai pas de soeur. /
3. croire au Père Noël /
   Non, je crois pas au Père Noël! /
4. vivre dans un appartement /
   Non, je vivais à la maison, avec mes parents. /
5. être champion de tennis /
   Oui, j'étais champion de tennis. /
6. avoir 20 ans /
   Oui, j'avais 20 ans. /
7. suivre un cours de français /
   Non, je ne suivais pas de cours de français. /
8. être à l'université /
   Oui, j'étais à l'université.

G . Quelle préposition? Prepositions can be hard to hear. Listen and complete with *à*, *de* or nothing.

Commencez.
1. Je commence à travailler tous les jours à 8 heures. /
2. Hier j'ai essayé de te téléphoner six fois! /
3. Je préfère y aller toute seule. /
4. J'ai dit à maman de faire mon lit mais elle ne l'a pas fait! /
5. Je ne pourrais pas le croire. /
6. Avez-vous fini de faire du bruit? Moi, je dois travailler!

À l'écoute de ...

Des emplois du temps. Here are Rémi and Marie's schedules. They are exchanging notes on their courses. What do you think they will talk about?

Listen to their conversation and fill in their schedules.

Commencez.

Rémi: T'as vu, Marie, je commence tous les jours de la semaine à 8 heures... et moi qui aime faire la grasse matinée... J'ai pas de chance... enfin!

Marie: Moi ça va. Tous les jours, je commence à 9 heures et je finis à 4 heures sauf le mardi après-midi qui est libre. Mes journées sont pas trop longues.

Rémi: Qu'est-ce que tu as comme cours cette année?

Marie: J'ai 6 heures de philo. Le lundi et le jeudi j'ai cours de philo de 10 à 12 et le mercredi de 9 à 11.

Rémi: Six heures de philo, mais ça va être l'enfer.

Marie: Oh, non, tu sais, la philo, c'est pas si difficile qu'on croit. D'abord, en classe de terminale, c'est plutôt une introduction à la philosophie, on découvre des philosophes comme Descartes, Kant, ou Nietzsche. En fait, on apprend, je pense, à développer son esprit critique. Tu vois de quoi je parle?

Rémi: Bof!... moi, tu sais je préfère les maths, alors... le lundi et le jeudi j'ai cours de mathématiques de 16 heures à 17 heures, le mardi de 10 à 11, le vendredi de 9 à 10. Et toi?

Marie: Moi aussi, j'ai 4 heures de maths: le lundi et le vendredi de 9 à 10, le mercredi de 11 à 12 et le jeudi de 15 à 16. Mais, moi, les maths, c'est pas mon fort! L'algèbre, ça va, mais j'suis pas calée en géométrie.

Rémi: T'inquiète pas. Je t'aiderai... et puis... toi, ... tu m'aideras en français. J'ai cours de français le lundi de 8 à 10, le mardi de 8 à 9 et le jeudi de 14 heures à 16 heures. Cette année, en classe de français, nous allons étudier un bouquin de Zola et une pièce de théâtre de Racine. Ça va être barbant, j'en suis sûr... moi, je préférerais étudier une bande dessinée d'Astérix.

Marie: À part ça, quelle langues étrangères tu étudies?

Rémi: L'anglais et l'allemand. J'ai cours d'anglais le mardi de 9 heures à 10 heures, le jeudi de 11 à 12 et le vendredi de 14 à 15. La prof d'anglais a l'air très bien. Je l'ai vue aujourd'hui. Elle est jeune et gentille et elle a l'intention de nous faire beaucoup d'activités cette année. Elle va peut-être organiser un voyage en Angleterre. C'est super...

Marie: Et pour l'allemand?

Rémi: J'ai 3 heures d'allemand, le mardi de 14 à 15, le mercredi de 9 à 10 et le vendredi de 10 à 11. Et toi?

Marie: Moi, ... j'ai cours d'anglais le mercredi de 14 heures à 16 heures et le vendredi de 10 à 11 et, autrement, j'ai pris espagnol comme seconde langue étrangère. J'ai cours d'espagnol le lundi de 14 heures à 15 heures, le mardi de 9 à 10 et le vendredi de 11 à 12. Et, mon prof d'espagnol est un vieux monsieur bien gentil mais il est un peu sourd d'oreille, ce qui fait qu'il n'entend pas les erreurs que nous faisons quand nous parlons espagnol en classe. Nous sommes obligés de crier nos réponses en classe... c'est très amusant... mais je ne sais pas si c'est très bon pour notre apprentissage de la langue.

Rémi: Hum... hum.. Moi aussi, j'ai un drôle de prof en histoire et géographie. J'ai cours d'histoire-géo le lundi de 11 heures à 12 heures, le mardi de 15 à 16 et le jeudi de 8 à 9. Et le prof est myope.... mais alors, ... très myope, il voit seulement les élèves qui sont au premier rang. Moi, je suis assis au fond de la classe, je vais pouvoir tricher pour les examens.

Marie: Quoi? tu veux tricher? Mais...

Rémi: Ne te fâche pas Marie, je... hum... plaisantais...

Leçon 23

Vocabulaire

une allergie /
l'aspirine /
un bouton /
une cheville /
une crise de /
l'estomac /
le foie /
un genou, des genoux /
une grippe /
une indigestion /
un médicament /
un mouchoir en papier /
la peau /
un poignet /
le résultat /
un rhume /
un sparadrap /
un visage /
blessé, blessée /
bronzé, bronzée /
droit, droite /
gauche /
attraper /
se casser le bras, la jambe /
se couper /
courir /
éternuer /
se fouler /
se moucher /
recevoir /
rire /
soigner /
se soigner /
sourire /
tousser /
aller bien /
aller mal /
aller mieux /
avoir de la fièvre /

avoir la grippe /
avoir une grippe /
avoir mal à la tête, à la gorge /
avoir un rhume /
se faire mal /
le cancer /
une cicatrice /
l'huile solaire /
un journal /
la mononucléose /
un pansement /
un passage /
un remède /
un symptôme /
catastrophique /
contagieux, contagieuse /
fragile /
pâle /
prudent, prudente /
se blesser /
bronzer /
se brûler /
fêter /
attraper un coup de soleil /
avoir un coup de soleil /
avoir bonne mine /
avoir le nez qui coule /
avoir mauvaise mine /
avoir un bleu /
ça fait mal /
dont /
être allergique à /
être remis de, être remise de /
qu'est-ce que tu as? /
qu'est-ce que vous avez? /
recevoir des nouvelles de quelqu'un /
avoir la gueule de bois /
ne pas être dans son assiette /
la sécu

Les sons du français

A. Les sons du français. Every language has sounds to express how people feel about things. Here are some in French.

Commencez.
1. Youpi! /
2. Pouah! /
3. Miam-miam! /
4. Chut! /
5. Aïe!

B. Qu'est-ce qui est arrivé à Benoît? Listen to Benoît's reaction. Then decide what must have happened and circle your answer.

Commencez.
1. Aïe! Je me suis fait mal!/
2. Chut! J'écoute la télé!/
3. Un croissant? Oui, miam-miam, j'adore! /
4. Youpi! C'est moi qui ai gagné, pas toi! /
5. Pouah! C'est quoi ça?

Les sons et les mots

A. Qu'est-ce qu'ils ont? What's wrong with everybody? Write the number of each sentence under the picture it describes.

Commencez.
1. M. Soisson a mal au foie. /
2. Lucie a la grippe. /
3. Mme Drommand a mal à la gorge. /
4. Marie-Sophie a mal à la tête. /
5. Mlle Justin a une allergie. /
6. Bernard a mal au pied.

B. On s'est fait mal. Say what each person did to hurt him or herself. Choose from the suggestions given. Then compare your answers with those on the tape.

Commencez.
1. Ce matin, M. Perrier n'avait pas le temps. Rapidement, il a bu son café qui était trop chaud et... /
   il s'est brûlé la bouche. /

2. Mme Baudoin préparait des tomates pour la salade avec un couteau mal aiguisé. Elle ne faisait pas attention et... /
   elle s'est coupé le doigt. /
3. Mlle Chamard est tombée dans l'escalier ce matin. Maintenant elle a très mal à la cheville. Pourquoi? / Elle s'est foulé la cheville /
4. Julien jouait au basket quand il a reçu le ballon dans le visage. Résultat: /
   il s'est cassé le nez. /
5. Mme Lefort était à la plage avec les enfants. Elle s'est endormie pendant trois heures sous un soleil brûlant et... / elle a attrapé un coup de soleil. /
6. Mme Duhamel a mal à la gorge, elle a le nez qui coule et elle éternue beaucoup. Qu'est-ce qui se passe? / Elle a attrapé un rhume.

C. De quoi parle-t-on? What are they talking about? Circle your answers.

Commencez.
1.
   — Je l'ai achetée hier.
   — Ah oui, c'est laquelle que tu as finalement choisie? /

2.
   — Tu les as vendus?
   — Oui, mais pas tous, tu sais.
   — Alors, lesquels tu as vendus, les gros ou les petits? /

3.
   — Ça, c'est à moi et ça, c'est à toi.
   — Pardon, lequel est à moi? /

4.
   — Vous en voulez combien?
   — Euh,... deux s'il vous plaît.
   — Alors, euh,... lesquels?

D. Lequel... Denis knows what he wants but which one? Follow the model. Then, compare your answers with those on the tape.

Modèle: Je veux une pâtisserie....
             mais laquelle?

Commencez.
1. Je vais acheter un jean... /
   mais lequel? /
2. J'ai envie d'aller voir un film... /
   mais lequel? /

3. C'est décidé, je vais apprendre une langue ... /
   mais laquelle? /
4. Je vais acheter une affiche... /
   mais laquelle? /
5. J'ai envie d'écouter une cassette... /
   mais laquelle? /
6. J'ai envie de téléphoner à un ami... /
   mais lequel? /
7. Oui, je dois faire mes devoirs... /
   mais lesquels?

Les mots et les phrases

A. Courir, rire, sourire, souffrir ou recevoir? Write the infinitive of the verb you hear in each sentence.

Commencez.
1. Patrick n'a pas souri de toute la journée. /
2. Tu recevras un paquet demain à la poste. /
3. Les vieilles personnes souffrent de la solitude. /
4. Nous avons beaucoup ri au spectacle dimanche dernier. /
5. J'ai reçu de bonnes nouvelles ce matin. /
6. Dans sa jeunesse, Paul courait après les filles. /
7. Tu ne dois pas rire! /
8. Le public riait aux éclats en voyant le dernier film d'Eddie Murphy. /
9. La Joconde sourit depuis plusieurs siècles. /
10. Vite! Courez! Vous allez être en retard!

B. Quel temps, quel mode? Listen again. This time, write down if you hear: a *présent*, a *passé composé*, an *imparfait*, a *futur*, or an *impératif*.

C. Écrivez! Finally, listen one more time. Write down the exact form of the verb you hear.

D. De quoi parle-t-on? What are they talking about? Circle your answers.

Commencez.
1. Laquelle prends-tu? La tienne ou la mienne? /

2. Je préfère celui-ci. Il est plus joli. /

3.
— Vous en voulez combien?
— Je vais en prendre deux. Celui-là et celui-ci. /

4. Les miennes sont plus longues que les tiennes. /

5.
— Je l'ai finalement acheté hier.
— Ah oui, lequel, celui-là? /

6.
— Passe-le-moi.
— Lequel des deux... le bleu ou le rouge?

E. Celle-là, s'il vous plaît. Say that you want "that one please." Then, compare your answers with those on the tape.

Modèle: une pâtisserie
           Celle-là, s'il vous plaît.

Commencez.
1. un gâteau /
   Celui-là, s'il vous plaît. /
2. des gâteaux /
   Ceux-là, s'il vous plaît. /
3. une affiche /
   Celle-là, s'il vous plaît. /
4. un stylo /
   Celui-là, s'il vous plaît. /
5. des chemises /
   Celles-là, s'il vous plaît.

F. C'est à qui? Say to whom each thing belongs. Then, compare your answers with those on the tape.

Modèle: C'est à toi, ces chaussures?
           Oui, ce sont les miennes.

Commencez.
1. C'est à Luc, ce livre? /
   Oui, c'est le sien. /
2. C'est à nous, ces crayons? /
   Oui, ce sont les nôtres. /

3. C'est à toi, ce parapluie? /
   Oui, c'est le mien. /
4. C'est à Suzanne, cette boîte? /
   Oui, c'est la sienne. /
5. C'est à toi, cette table? /
   Oui, c'est la mienne. /
6. C'est à nous, cette affiche? /
   Oui, c'est la nôtre.

À l'écoute de ...

A. Une famille. In the months preceding their vacations various members of the Simon family had to go to the doctor. Before you listen to what happened at the doctor's, look at the family tree. Below each name, write down what you already know about that person.

Commencez.

1.
— Alors, qu'est-ce qui ne va pas aujourd'hui?
— Je suis un peu enrhumé, je tousse et j'ai mal à la gorge. Maman voulait que je voie le médecin parce que j'avais de la fièvre ce matin.
— Tu as mal au ventre?
— Un peu, oui.
[talking to herself, consulting chart]
— Hum.... C'est peut-être l'appendicite... non, ce n'est pas possible. Il a été opéré il y a 8 mois.
[Jean-Philippe trying to get her attention]
— Maman pense que c'est peut-être une allergie.
— Euh, non, je ne le crois pas, mais... /

2.
— Bonjour docteur.
— Bonjour, monsieur. Comment allez-vous?
— Très bien, merci. Je viens pour ma visite médicale annuelle. Je vais bientôt en vacances en Suisse avec toute ma petite famille, et je voudrais savoir si, à mon âge, je peux encore supporter la montagne.
— Il n'y a aucun problème. Vous savez, l'air pur des montagnes est très bon pour tous les âges. Mais attention, pas d'excès; surtout, ne vous fatiguez pas inutilement. /

3.
— Eh bien, mademoiselle, je peux vous dire que vous êtes en parfaite santé.
— Vraiment?
— Oui. À votre âge, on a jamais de problèmes graves. Que faites-vous pendant les prochaines vacances?
— Je dois partir en Suisse avec toute ma famille.
— C'est formidable, la Suisse, n'est-ce pas?

— Bof! Il n'y a rien d'intéressant à faire.

— Vous pourriez faire du ski, faire des balades en montagne,...

— Le sport ne m'intéresse pas du tout... et les montagnes! /

4.

— Alors, docteur, est-ce que vous pensez que je dois suivre un régime?

— Je pense que si vous perdez 2 ou 3 kilos vous serez très élégante pour partir en vacances. Au fait, comment se porte votre mari? /

— Oh, il va bien... mais... il...

— Oui?

— Euh... je pense... enfin... je ne suis pas sûre... mais je pense qu'il boit trop. Cela m'inquiète. /

5.

— Tu n'as pas l'air très en forme aujourd'hui, jeune demoiselle. Qu'est-ce qu'il y a?

— Ça ne va pas très bien. Je me sens un peu faible.

— As-tu mal à la gorge? à la tête?

— Non, mais j'ai mal au ventre. /

— Tu manges correctement?

— Quand maman fait de la bonne cuisine, je mange. Mais je n'ai pas très faim depuis 2 ou 3 jours. Je n'ai vraiment pas envie de manger. Je ne suis pas dans mon assiette. /

6.

— Vous sentez-vous fatiguée?

— Moi! fatiguée? Vous plaisantez! Je suis en pleine forme. Je peux vous dire qu'à mon âge, je me sens encore très jeune.

— Mais vous...

— Oui, je sais, docteur. Je ne dois pas oublier que je n'ai plus 20 ans. Mais vous savez, mes petits enfants m'ont redonné le goût de vivre. Cet été, je pars en vacances respirer l'air pur des montagnes suisses avec mon mari, mes enfants et petits-enfants. Que demander de mieux?

B. Chez le médecin. Now listen again to the dialogs on the tape and put an X next to the name of each person who went to the doctor.

C. Qu'est-ce qu'ils ont? Listen again and find out what was the matter with each person. Fill in the chart.

Leçon 24

Vocabulaire

un carnet /
un coup /
un cri /
un crime /
un ennemi, une ennemie /
le hasard /
un meurtrier, une meurtrière /
un motif /
un personnage /
un roman policier /
un secret /
une situation /
un suspect /
un témoin /
une victime /
un voleur, une voleuse /
coupable /
évident, évidente /
innocent, innocente /
vivant, vivante /
abandonner /
cacher /
continuer à /
crier /
indiquer /
interroger /
mentir /
se suicider /
tirer sur quelqu'un /
tuer /
vérifier /
voler /
aucun, aucune /

avoir des doutes /
d'après /
finalement /
exprès /
jusqu'à /
jusqu'à ce que /
le lendemain /
ne...que /
par hasard /
pourtant /
la veille /
y compris /
un alibi /
une arme /
un coup de feu /
une enquête /
un inspecteur, une inspectrice /
un meurtre /
le poison /
un revolver /
un suicide /
armé, armée /
délicat, délicate /
donner un coup à quelqu'un /
en effet /
en vouloir à quelqu'un /
descendre quelqu'un /
piquer /
un polar /
une taule /
un gangster /
un hold-up

Les sons du français

A. Des mots onomatopéiques. Onomatopoetic words are those that imitate sounds. Here are some used in French. Listen and repeat.

1. toc, toc /
2. atchoum! /
3. glouglou /
4. boum! /
5. plouf /
6. dring

B. Les cris des animaux. Guess which animal makes each sound. Then listen to the answers on the tape.

Commencez.
1. Qu'est-ce qui fait waouh, waouh? Un chat ou un chien? /
   Un chien fait waouh, waouh. /
2. Qu'est-ce qui fait miaou, miaou? Un chat ou un chien? /
   Un chat fait miaou, miaou. /
3. Qu'est-ce qui fait cocorico? Un coq ou une vache? /
   Un coq fait cocorico. /
4. Qu'est-ce qui fait hi han? Une vache ou un âne? /
   Un âne fait hi han. /
5. Qu'est-ce qui fait coin-coin? Un coq ou un canard? /
   Un canard fait coin-coin. /
6. Qu'est-ce qui fait meuh? Une vache ou un mouton? /
   Une vache fait meuh. /
7. Qu'est-ce qui fait bê ê êê? Un mouton ou une vache? /
   Un mouton fait bê ê êê. /
8. Qu'est-ce qui fait croâ? Un oiseau ou une grenouille? /
   Une grenouille fait croâ.

Les sons et les mots

A. Des faits divers à Nice le 27 juillet. Here's what made the local crime bulletin in Nice on July 27. For each one, decide if the person given is the victim (*la victime*) or the guilty party (*le coupable*). Circle your answers.

Commencez.
1. Un poste autoradio a été volé dans la voiture de M. Douglas, touriste américain de passage à Nice. /

2. M. et Mme Poirier ont abandonné leurs enfants sur le bord de l'autoroute près du viaduc de Magnan. /

3. M. Segatti, un touriste originaire de Caen, a été agressé et tout son argent volé par un groupe de 4 punks sortis d'une vieille R30 immatriculée 75. /

4. Deux garçons de 16 ans et une jeune fille de 15 ans ont tiré sur la mère de l'adolescente parce qu'elle reprochait le flirt de sa fille avec l'un des deux garçons. Mme Delaire a été hospitalisée dans un état grave.

B. Associations. What words or expressions do you associate with each item? Compare your answers with those on the tape.

Commencez.
1. un carnet /
   des chèques, écrire, un crayon /
2. un secret /
   garder, cacher, mentir, dire /
3. un voleur /
   voler, l'argent, courir /
4. une victime /
   pauvre, innocente, souffrir /
5. le lendemain /
   demain, aujourd'hui

C. Ne...pas ou ne...que? Does each sentence contain a negation (*ne...pas*, or *ne...plus* for example) or a limitation (*ne...que*)? Circle your answers.

Commencez.
1. C'est triste... je n'ai pas d'amis, pas d'argent et beaucoup de travail. /
2. On n'a qu'une heure... dépêche-toi! /
3. L'inspecteur Lerat n'a plus d'idées. /
4. Tu n'as que dix dollars? Qu'est-ce qu'on va faire? /
5. Aurélie n'a qu'une idée... partir de Verbier. /
6. Il n'y avait pas de crime à Verbier avant hier.

D. La garde-robe de Candide. Candide gets along with only a few clothes. Play his role.

Modèle   Tu as combien de complets?
           Je n'en ai qu'un.

Commencez.
1. Tu as combien de pantalons? /
   Je n'en ai que trois. /

2. Tu as combien de chemises? /
   Je n'en ai que quatre. /
3. Tu as combien de pulls? /
   Je n'en ai qu'un. /
4. Tu as combien de jeans? /
   Je n'en ai que deux. /
5. Tu as combien de polos? /
   Je n'en ai que cinq. /
6. Tu as combien de cravates? /
   Je n'en ai que deux.

E. Ils en ont combien? How many of each item do people have? Circle your answers.

Commencez.
1. Patrick en a trois. /
2. Nicole n'en a aucun. /
3. Nous en avons deux. /
4. Vous n'en avez aucune. /
5. J'en ai un. /
6. Tu n'en as aucun.

F. Ah non! au contraire... These people don't have anything! Say so following the model. Then, compare your answers with those on the tape.

Modèle: Tu en as beaucoup?
               Ah non, je n'en ai aucun.

Commencez.
1. Il y en a beaucoup, tu crois? /
   Ah non, il n'y en a aucun. /
2. Tu as vu beaucoup de personnes dans la salle? /
   Ah non, je n'en ai vu aucune. /
3. Tu vois des chiens là-bas? /
   Ah non, je n'en vois aucun. /
4. Tu as beaucoup d'idées, n'est-ce pas? /
   Ah non, je n'en ai aucune.

Les mots et les phrases

A. On réfléchit. People have been thinking about the recent murder at Verbier. As you listen to what they have to say, write down the infinitives of the verbs they use.

Commencez.
1. Je m'étais déjà endormie quand Aurélie est descendue dans la cuisine. /
2. Si le coupable était venu de l'extérieur, on l'aurait vu dans le village. /
3. Si Yves s'était suicidé, il m'aurait laissé une lettre. /
4. J'aurai trouvé un alibi avant que l'inspecteur Lerat m'interroge ce soir. /
5. Si Yves était au téléphone au moment du meurtre, il y aurait un témoin. /
6. Nous aurions pu passer des vacances tranquilles si Yves était resté à Paris.

B. Écoutez encore une fois. Rewind and listen to these sentences once more. This time, write down the tense or mood of each verb.

C. Conjuguez les verbes. Rewind and listen a final time. Write down the exact form of the verbs used.

D. Combattre le stress. Here are some stressful situations. For each one, listen and decide which solution is best. Circle your answers.

Commencez.
1. Vous êtes vraiment stressé. Vous le combattez... /
   a. en dormant 14 heures par nuit. /
   b. en trouvant des compromis. /
   c. en apprenant à dire non. /
   d. en fumant et en buvant. /

2. Vous avez beaucoup de travail—trop même—et vous n'avez pas le courage de commencer. Vous vous inspirez... /
   a. en regardant un feuilleton à la télé... 30 minutes, ça ne change rien. /
   b. en commençant par le plus facile. /
   c. en faisant une sieste d'une heure. /
   d. en mangeant un petit quelque chose. /
   e. en téléphonant à un ami. /

3. Votre professeur vous a donné (injustement selon vous) une note de zéro! Vous vous vengez... /
   a. en lui téléphonant à 2 heures, à 4 heures et à 6 heures du matin. /
   b. en volant son cahier de notes. /
   c. en ne venant plus en classe. /
   d. Vous ne vous vengez pas. Vous êtes trop raisonnable!

À l'écoute de ...

Les livres de vacances. Here's some of the Simon family's summer reading. Who do you think was reading what? Listen as Inspector Lerat questions Marguerite Simon about her family's reading habits. Write each person's name next to the book he or she was reading. (Aurélie, Yves, Michèle, Marc, Paul, André).

Commencez.

Marguerite:	Vous voyez tous ces livres sur cette table? La lecture est un des passe-temps favoris de ma famille pendant les vacances. On aime tous lire dans la famille!
Lerat:	Ah bon! Qui est en train de lire ce livre-là par exemple?
Marguerite:	Aurélie, je pense. Vous savez, elle adore les romans d'amour. Elle a 18 ans et ce genre de roman plaît à toutes les jeunes filles de son âge... les garçons, l'amour, le mystère... Vous savez, ma petite fille est une rêveuse, elle déteste la banalité de sa vie. Elle invente souvent des histoires, ce n'est pas vraiment une menteuse, vous savez, je pense qu'elle a beaucoup d'imagination. Elle voudrait être une héroïne, elle aimerait... euh... jouer un rôle... pour sortir de sa routine quotidienne. N'oubliez pas, inspecteur, Aurélie ne ment pas, elle rêve.
Lerat:	Hum... je vois... Intéressant... ce que vous me racontez. Et ce livre? C'est une bande dessinée, n'est-ce pas?
Marguerite:	Oui. Yves n'aura pas eu le temps de le finir. Je crois bien que c'est Marc qui le lui a offert. Mais... euh... inspecteur, vous ne trouvez pas que le dessin sur la couverture du livre est un peu choquant, non?
Lerat:	Euh!... oui... un peu en effet.
Marguerite:	Vous voyez ce livre-là? *Le Regard de Vincent*? C'est un excellent roman contemporain. Je l'ai donné à Michèle. Elle l'a lu tout entier mais, à mon avis, elle n'a pas vraiment compris l'histoire. Pour elle, c'est simplement... disons... l'histoire d'un homme qui trompe sa femme... mais pour moi, c'est surtout une grande histoire d'amour, d'amitié et de mort à travers les regards de plusieurs personnages... mais je parle trop, excusez-moi! Vous disiez...
Lerat:	Oui, oui... je vois, je vois. Mais pour en revenir à Michèle, pensez-vous qu'elle trompe son mari comme dans le livre?
Marguerite:	Euh... c'est possible... oui, mais...
Lerat:	Peut-être avec Yves?
Marguerite:	Non, ça, je ne pense pas. Vous voyez Yves est... comment dire... finalement Yves, c'est Yves. Il faut le connaître. C'est... c'était un homme charmant; d'ailleurs, je suis même sûre que ma fille était un peu... amoureuse d'Yves. Cela se voyait. Et Marc, vous savez, son mari, alors, il joue à l'innocent, mais vous savez...
Lerat:	Tiens, tiens! et qu'est-ce que son mari Marc lit?
Marguerite:	Oh lui! la littérature ne l'intéresse pas beaucoup. Il préfère les livres sur la cuisine, sur la chasse, sur les armes et aussi les romans policiers. Mais pour le moment, je crois qu'il est en train de lire ce livre-là, parce que c'est lui qui prépare la cuisine pendant les vacances. Il cuisine bien, vous savez... moi, je peux vous dire qu'il se débrouille comme un chef!
Lerat:	Hum! je vois. Et votre mari, qu'est-ce qu'il lit?

Marguerite:	Paul, lui, est passionné par l'histoire de France, et plus particulièrement par la deuxième guerre mondiale. Il aime se souvenir des jours heureux et malheureux qu'il a passés à Paris pendant la guerre. D'ailleurs, mon mari se disputait très souvent avec Yves à propos de cette période de l'histoire de France, je n'ai jamais vraiment compris pourquoi.
Lerat:	Ah bon?
Marguerite:	Oui. Quelquefois, pendant ces disputes, mon fils André défendait son père contre Yves, parfois assez violemment.
Lerat:	André est quelqu'un de violent, vous dites?
Marguerite:	Euh... quelquefois, oui. Surtout quand on attaque ou qu'on insulte son père. Et puis, il faut dire qu'André partage la même passion que mon mari pour la deuxième guerre mondiale. Mais, lui il préfère les romans historiques aux récits historiques. Vous savez, il lisait souvent des romans violents et plein d'aventure... comme celui-là.
Lerat:	Quelles étaient les relations entre Yves et André?
Marguerite:	Je vais vous faire une confidence, inspecteur, je crois qu'André détestait Yves mais je ne saurais pas dire pourquoi. Et, au fait, inspecteur, est-ce que vous savez maintenant si Yves a été tué et si oui par qui?
Lerat:	Pas tout à fait, mais je crois avoir ma petite idée sur cette affaire.

B . Qui a tué Yves? Rewind and listen again. Then fill in the chart.

C . La solution. Est-ce que Yves a été tué (et par qui) ou est-ce qu'il s'est suicidé? Qu'en pensez-vous?